复旦通识

复旦通识丛书 | 译介系列

# 古典人文教育的悖论

[美]伊娃·T.H.布兰——著　顾洁　王苗——译

PARADOXES

OF

EDUCATION

IN A

REPUBLIC

生活·讀書·新知 三联书店

**图书在版编目(CIP)数据**

古典人文教育的悖论/(美)伊娃·T. H. 布兰著;
顾洁,王茁译. —北京:生活·读书·新知三联书店,
2024.1
　(复旦通识丛书)
　ISBN 978 - 7 - 108 - 07708 - 0

　Ⅰ. ①古…　Ⅱ. ①伊…②顾…③王…　Ⅲ. ①人文科
学-人文素质教育-研究　Ⅳ. ①G40 - 012

　中国国家版本馆 CIP 数据核字(2023)第 232318 号

责任编辑　杨柳青　刁俊娅
封面设计　海　螺
出版发行　生活·讀書·新知 三联书店
　　　　　(北京市东城区美术馆东街 22 号)
邮　　编　100010
印　　刷　江苏苏中印刷有限公司
版　　次　2024 年 1 月第 1 版
　　　　　2024 年 1 月第 1 次印刷
开　　本　635 毫米×965 毫米　1/16　印张　15.75
字　　数　168 千字
定　　价　58.00 元

# "复旦通识"丛书编委会名单

# 总　序

　　进入新世纪，"通识教育"在中国大学方兴未艾，生机勃勃，这无疑是中国大学教育自我更新的新起点。"通识教育"旨在关心人格的修养、公民的责任、知识的贯通、全球的视野，进而为新世纪中国文化传统的接续与光大承担起自身的责任。

　　通识教育是教育自我反思的产物，它要摆脱"概论"式"知识传授"的积习，要摆脱教学与育人脱节的怪圈；它要努力将课堂与书院构建成教师与学生之间的学术-生活共同体，培养学生的学术想象力、理论贯通力、思考的能力以及实行的能力，为学生的终身学习奠定扎实的基础。

　　"通识教育"须与专业教育相辅相成，它需要教师具备相当的专业学术积累，同时要求教师能够自觉地克服专业视野本身的局限，这无疑对教师的知识结构、理论视野、教学方法以及学术修养都提出了巨大的挑战。因而"通识教育"在中国同时也是教师自我挑战与成长的过程。

　　在通识教育改革的探索中，复旦大学率先在国内的大学中提出"通识教育"的设想与方案。2005 年成立"复旦学院"至今，逐步形成了以五大"住宿书院"与七大模块"核心课程"为代表的复旦通识教育模式,并以此为载体全面构建了复旦通识教育体系。我们的目标日趋清晰,我们的行动路线更加务实。

"复旦通识"丛书正是我们推进复旦乃至整个中国通识教育的重要组成部分。通过复旦的创新探索以及国内外各高校的经验积累,我们要努力为中国的通识教育开创自身的传统,确立自身的标尺,践行自身的道路,同时也需要借鉴世界文明传统中的优秀成果。丛书初步拟定分三大系列:

"读本系列":它是教师在核心课程教学基础上的独立著述,是服务于教学工作的学术著作;它绝不是普及性的概论式读物,而是注重思想性与理论高度的论著。读本围绕教学内容,并在教学基础上发散出去,既有聚焦的深度,又有视野的广度;有知识,更有关怀。读本可作为核心课程教学过程中的参考用书,也将成为好学之士进入相关领域的路线图。通过这个系列,教师的教学成果得以逐渐积累,课程内涵得以不断升华,从而真正实现教学与科研的结合。

"译介系列":它重在译介域外那些将通识教育纳入世界文明统序中考察的标志性著述。译著重视论题的历史脉络,强调理论视野与现实关切;其论题不会只限于通识教育,不会就观念谈观念,就方法谈方法,而是在广泛的知识背景下深入对某一专题的认识,包括对通识本身的理解。大学教育,尤其是通识教育,承载着一个文明的传统赓续与精神形塑,它存亡继绝又返本开新。通过针对性的译介工作,希望能够为中国通识教育提供更宽广的思想脉络和更扎实的现实感,进而更加明确中国通识教育的历史使命和伟大目标。

"论丛系列"：通识教育既需要大学管理者的决策推动，又需要教师的持续努力，更需要学生的积极投入。通识教育背后的根本动力是大学管理者、大学教师与大学生们对通识教育的重要性及其使命的高度认同和思想共识。大学通识教育的实践者们既是行动者，也是思想者。他们的思考永远是最鲜活的，其中既有老校长们对于通识教育高瞻远瞩的观念梳理、问题诊断以及愿景展望，也有广大教师针对具体课程脚踏实地的反思与总结，更有学者对高等教育以及通识教育领域精深细致的研究。

我们希冀这一丛书能够帮助中国大学通识教育实践进一步凝聚共识，明确方向，扎实推进。日月光华，旦复旦兮，愿"复旦通识"丛书不断推陈出新。是为序。

"复旦通识"丛书编委会

# 目　录

# 前　言

## 本次探询的意图

在面对一个重要问题、面对人们对该问题已经发表了过多
意见这种情况的时候，一个研究者，即便依然有更多意见可表
达，其内心也难免会感到某种不安。这种不安会激发该研究者
努力去为这种辩论寻找到更有说服力的说辞。对于这种努力，
你几乎不会称之为一种学术性的研究，而会称之为一种反思性
的探询。

我当下进行这样一种探询是基于一个反复出现的认知：美国
的教育存在某些根源性的窘境，如果我们能意识到这些窘境起源
于我们美国这个国家的奠基过程的话，那么对它们理解起来、解决
起来就会变得更加容易。因此，我会通过这一次探询来详细地阐
述一般意义上的共和国的教育领域和特殊意义上的美国早期阶段

---

\* 本书写作的时候，我是伍德罗威尔逊国际学者中心的研究员，但写作本书的初
始想法应该可以追溯到我还在马里兰安纳波利斯圣约翰学院担任教员的那十
多年时间里。

的教育领域所存在的几组悖论，目的在于再现某些存在于我们的思想中——以及我们的时代中，这纯属巧合——的关于美国教育的熟悉而又实际的困惑。

在用到"悖论"这个词的时候，我并不是指在有关某一话题的公众言论方面无法保持自我一致，而是指事物本身固有的窘境，称之为悲剧也并无不妥的内在缺失，也即一项将问题激化而不是缓解的重大难题。因此，对于教育中司空见惯的一般性困境，我决定忽略。

首先，这些一般性困境包括了人类本性中所固有的那些颇为糟糕却难以改变的事实，正是这些事实使得教育成为一场恒久的斗争，举例说，陷入这样一个怪异的情境：明明时机正好，智力也处于高点状态，但人对学习却心不在焉，这种兴趣偏离是最难以抗拒的。人类本性中还存在着一个类似的事实，即天生的好老师和善学的好学生之间的比例失衡，各种证据表明这种失衡是不可调和的，这种状况会造成广泛的制度性后果。这种情形，即便是在贵族统治制度下也是横亘在良好教育面前的巨大障碍，而到了民主制度下则呈现出更明显的阻碍作用："如今高等教育机构的数量如此之大，如此夸张，以至于几乎遍布每一个角落，要让这些机构运转起来显然需要源源不断的教师资源，即便是天赋异禀的国民也无法满足要求。"（尼采，《我们的教育制度的未来》）

其次，我避而不谈的还有那些不幸和伤害，它们并不意外地源自我们普通人本身所存在的缺陷，比如，对于占据了大部分学习生涯的问题，当人们浸淫其中一阵子之后，难免会产生思想上的倦怠："对于我所愿意的，我意兴阑珊；但对于我所憎厌的，我却乐此不疲。"另外，还有一个呈现贬值效应的事实，那就是，学校基本上都是靠施舍和救济存活的机构，其所提供的产品并不能形成旺盛的需求，以至于总是处于亏损状态，其所庇护的是一批既无社会经验又贪得无厌的教员，其所推行的是僵硬的行政管理模式。

对通常归因于社会的所有问题，我都会严格避免。我必须立即向大家坦陈我自己的看法。在我看来，把社会看作各种行动的直接源头而不是其简单汇总，是一种拟人化视角，会导致问题弱化的后果。说这种看法会弱化问题，是因为它会鼓励大家去呼吁采取大而无当、遥不可及的纠偏措施，而不是从此时做起、从此处做起、从小事做起，也会鼓励大家粗枝大叶地去兴师问罪，而不是有的放矢地找到真正负有责任、应付代价的人——这些人很可能就是兴师问罪者自己。在我看来，对教育问题所进行的社会性解释至少是个错误解释，通常是劳而无功的。

除此之外，在阅读了一些研究教育历史的著作之后，我从中找到了一种似曾相识的感觉，这种感觉不断地浮现在我眼前。教育学上的各种悲惨境遇都是古已有之，并没有什么新鲜之处！"我们那些生活在后革命时代的年轻人，"杰斐逊在给亚当斯的信中这么写道，"和你我相比，都是在幸运之星的垂顾下出生的。他们还在自己母亲的子宫里的时候就开始掌握各种知识了，在呱呱落地的时候就已经拥有了很多现成的知识"（1814 年 7 月 5 日）。或者："他们说我们从课堂上，尤其是从那些高深的书本中，明确地说就是物理学之类，是学不到什么有用的东西的，而当他们需要在社会阶梯上往上爬的时候，又期待这些知识是唾手可得的。"（《学术手册》,海德堡大学,1481 年)[1]由此显然可以推导出一个结论,那就是,即便是在一个半世纪之前,阅读就已经不合时宜了,而在五个世纪之前,学位就已经开始贬值了。

而且,我们的知识世界,尽管可能缺乏在培养"大我"方面所必需的闭环系统,但仍可以称得上是一个文明以止、多元一体和业精于勤的世界。而我们的教育机构都经历了一段影响深远的历史进程,在美国政体内扎下了深深的根基,其与当下的发展十分契合,其所具有的韧性远超我们的想象。总而言之,在我看来,这些教育机构在 20 世纪的所作所为并不亚于 19 世纪:"如果你考察的全是学者,你会为美国学者之少而感到吃惊;如果你在调查时将无知的人包括进去,你又会觉得美国人的知识水平在世界上是最高的。"[2](托克维尔,《论美国的民主》,I,xvii)

关于我所做的这类探询与我们目前情境下的实践之间的关系,我当然也有一些看法。在我看来,我们所处的这个时代并不是一个学习场景多么富有新意的时代。我认为,使得学习场景富有新意的可能性早在三个世纪之前就已经逐渐开始消失了,从那时起,有意识地推动各种新事物、新现象不断产生的这种手段就已经开始被采用了,"创新"这个词已经变成了人们的日常事务用语。我觉得,最能体现这种情形的标志是外部和内部之间的反差:在对新事物、新现象的每一次探索中,外部世界总是兴高采烈,而内

---

① Helen Wieruszowski, *The Medieval University* (Princeton: D. Van Nostrand Company, 1966), p. 191.

② 引用自商务印书馆董果良译本。

心世界时常灰心丧气。举例说，我们可以在登月和发现新大陆之间做一个对比：人们对现代人登上蛮荒的月球内心表现得波澜不惊，认为不过是场彩排而已；而对于第一次在一个奇异的新大陆精确地登陆则表现得十分惊奇，即便这是由一个像哥伦布这样被黄金冲昏了头脑的人所完成的。为了表达得更切题一些，我们再做一个比较：人们对美国初期的教育著作与当代出版物中出现的"革命"这个乏味主题所表现出来的态度也是不同的。

我们现在的优势显然已经不再体现在新意上面了。撇开无法　　4
预测的天降大灾，我认为我们现在生活在一个波动性不大、稳定性较强的国家，这个国家是"作为一个密集的城市建造起来的"。不可否认的是，这样一个国家确实仍有可能发生巨大的社会变迁和深刻的思想革命，"生活方式"的变化也会层出不穷，这样那样的"加速发展趋势"也不会止步。但是，随着所有这些现象的发生和汇聚，并不需要也不会有什么真正的新意从天而降。教育现象既折射着这个时代，也折射着这个国家。教育本身也同样是一个大体量、高密度的复杂综合体，包罗着世间万象：被人们视若珍宝的历史遗存、被扔入废纸篓的各种实验图纸、代代相传的老生常谈、不成体系的改革措施、爆炸性的偶发事件、各让一步的妥协方案、所向披靡的发展路径、一厢情愿的灌输、制度性的怠惰。教育的重心越来越偏向于制造出一堆堆残骸一样的报告，这样的报告在传播方面是巨人但在执行方面却是矮子。而那些最具革命意味的改革措施也遭到了最严重的诟病：

大山临蓐，

生出来的却是条可笑的小老鼠。①

贺拉斯,《诗艺》,139

真正的行动,即卓有成效的温和改革、深思熟虑的全新启程和泾渭分明的理性回归,往往是在已经固化的巨大报告堆的缝隙中得以发生。但是,整齐划一与随心所欲、死气沉沉与生动活泼简单相加无法构成系统,也形不成整体,系统和整体问题也不是任何短周期的计划所能解决的。如果这样一个复杂综合本身确实能够发动一次方向性明确的行动的话,那么其所进入的会是晦暗地带,令参与行动的人茫然无措。根据我的揣测,这种行动不管朝向哪里,都不会是"向前"。

在我看来,在这种情形下,教育著作对所讨论的问题应该尽量体现出针对性和实用性。我真正想要表达的意思如下:在我们这个时代,教育应该是时间上的世界主义和空间上的地方主义。在本书第二章中,我会给大家详细地阐述作为时间上的世界主义的教育,也就是传统的重新诠释。至于空间上的地方主义,我所指的是每一个学习社群都应该将自己视为知识世界的中心,考虑清楚自己在教育领域的位置,如果能够做到的话,让自己的实践以快速退潮的方式传播出去。如果一个学习社群因为自身的渺小而严格地保持谦虚谨慎的态度,那么无论其所产生的差异性是多么合情合理,也只能在当地来体现。只要在这种情况下,对大"趋势"的制度性抵抗,对被广泛地"感知到的需求"总是斜视的不情愿态度,才

———————

① 引自杨周翰译本。

会成为因为良心发现而拥有的一种特权。当然，最明显不过的是，单个教师的努力才是卓越教育的最终凭借。毕竟，就精神问题而言，即便是难以察觉的微弱成果也有无限放大的可能。

这样的话，在我看来，适合对我们所处情境的认知的实用性是从哲学直接转到实践的那种实用性，跳过了各种形式的中间推断。比如，对教育管理者和不称职教师所固有的成见，像"更全面地设定优先性""对课程进行全方位改革""建立通用的教学标准"以及诸多杂糅了空泛理论和应急方案的意见，都可以置之不理，重要的是通过艰辛而必要的努力为一个具体的教育计划寻找到合适的受益者。我认为，教师们需要在事关学习的基础的问题上努力形成独立的思想，然后在教学过程中坚守自己的思想——在不得已的情况下，这种坚守是一种孤军奋战，当然如果幸运的话，他们可以找到一群志同道合的同事，大家携手并进。在这种情况下，课程很快会不再适用。因此，对于一个老师来说，首要的实践和行动并不是计划和规划，而是反思。事实上，如果经过了严格的筛选和辩论，上述观点的错误已经被明显地感知到了之后，但是一个老师就是不愿意指出它们，那么，在我看来，这几乎是一种耻辱。

## 本书资料来源

在本书中，我用到了以教育为主的大量著述，涵盖了各个方面，有些是用来启发思想的，有些则是为了寻找理论的根源，也有一些用来给我的观点提供支撑和依据，还有一些用来界定反对意见。我还给这些著述产生的年代补充了不少历史背景，尤其是当它们涉及美国教育的发展历程。① 但从另一方面，需要点明的一点是，我并不希望将我所有的时间花在阅读那些关于教育的论文上——很多人都不希望如此，就算教育论文这一类别的倡导者也不希望如此。爱默生在《论教育》一文中写道："写教育的论文，谈教育的会议，论教育的演讲，关于教育的制度，给我们带来的麻痹是轻微的，但是能让我们昏昏欲睡、哈欠连天却是确定的。"事实上，我读了这么多资料，也只碰到一个作者，由衷地建议大家在教育时去读一下教育学专著，哪怕那是一本分量很重的著作："在好话说尽的诱惑或者空洞无用的原则让他们（学生）心猿意马之前，可以让他们读一些简单易懂、轻松愉悦的教育书籍。"（弥尔顿，《论教育》）但即便是在这种情况下，他所推荐的也是苏格拉底的对话以及普鲁塔克和昆体良的作品。

那么，总体而言，问题的症结到底是什么？ 产生这些问题的根源很多，部分需要归咎于这样一个事实：那些针对普世性重要话题所发表的训诫式演讲几乎总是半仪式性的。这类演讲所透露的是一些不可混淆、不可忽视的重大真理："教育应该像人类的存在那样覆盖一切。"爱默生如是说。这一点都没错。"真正优秀的教育者为人称道的程度，应该根据其所拒绝教授的有用课程的数量

---

① 涉及历史领域的著作，主要参见 Lawrence A. Cremin, *American Education*：*The Colonial Experience*, 1607 - 1783（New York：Harper and Row, 1970）；Bernard Bailyn, *Education in the Forming of American Society*（Chapel Hill：The University of North Carolina Press, 1960）；Richard Hofstadter, *Academic Freedom in the Age of the College*（New York：Columbia University Press，1955）；Frederick Rudolph, *The American College and University*：*A History*（New York：Vintage Books, 1982）。

来衡量。"这是来自另一个人的说法,同样无法辩驳。① 细说起来,还有两类说法可以增加进来:一类可以冠以激进之名,是能否激发人们好奇心的有别于常规的变异;一类是又回转到传统智慧那里了,可以冠以革命之名。类似说法具有所有仪式性话语的关键功能:它们是在对一个被公认为重要的问题进行盖棺论定。但是,它们几乎不包含任何有效的假设。我能够想到的一个有力的例外就是查尔斯·艾略特1869年在哈佛发表的就职演说,正是那一次演说阻止了在美国大学里强制推行标准课程的发展方向。

　　在我看来,需要为那些苍白无力的说教承担主要罪责的应该就是人文主义学者(以及他们在现时代的衣钵传人),甚至包括伊拉斯谟和维维斯。② 维维斯的巨著《各学科是如何得以传播的》(1531年)充满了有人情味的说教、对学习的钟爱、至今依然有启发的阅读名单以及对现代性的强烈关注。但是,本书的核心调性在前言中就展露无遗了:"通过深刻的反思我认识到,在我们的生

① 古典学家李文斯顿爵士(Richard Livingstone),出自 Robert M. Hutchins, *The Conflict in Education in a Democratic Society* ( New York: Harper and Brothers, 1953), p. 29。

② *Desiderius Erasmus Concerning the Aim and Method of Education*, *Classics in Education no. 19*, William Harrison Woodward, ed. (New York: Bureau of Publications, Teachers College, Columbia University, 1964); *Vives: On Education*, *A Translation of the "De Tradendis Disciplinis*," Foster Watson, trans. (Totowa, N. J. : Rowan and Littlefield, 1971, first published 1913). 两本由人文主义学者撰写的现代专著: Gordon Keith Chalmers, *The Republic and the Person*; *A Discussion of the Necessities in Modern Education* (Chicago: Henry Regnery Company, 1952); Mark Van Doren, *Liberal Education* (Boston: Beacon Press, 1959, first published 1943)。

命中，再也没有什么能够比通过我们称之为学问的分支（学科）这种特定手段来培育和塑造我们的思想和心灵这件事更令人惊艳的东西了。正是因为拥有了学习这一手段，才使得我们人类无论是在生活方式还是在日常习俗方面都区别于动物，使我们恢复人性，朝着上帝不断攀升。"如今这样的说法已经成了发人深思的真理了，但是显然还算不上真正意义上的反思。这些人文主义学者真诚地相信和拥抱这些说法，但是他们的言论总是离不开学问，他们生活在一个参照物的世界里，而不是一个理性的世界里。归根结底，他们所表达的只是一己之见而已。

我们当下还面临着另一个困难：这些以教育为主题的著作（就像对其他公众问题的建议那样）缺乏具体的针对对象。之前，那些建议是写给教育的赞助人看的。这样一来，所有基于义务的阿谀奉承就可以仅限于每本书的致谢词当中，而书的主体部分就可以自由地触及各种重大的假定和推断——举例说，培根的《学术的进步》一书就是献给詹姆斯一世的。① 在另一方面，到了当今时代，作者们则必须确保自己能够被作为读者的广大公众所接受。这样一来其所造成的后果是，每本书必须设定非常宽泛的主题，类似于"我们这个瞬息万变的时代""整个社会的需要"和"整个制

---

① 赞助人并不总特别关注这一点。狄德罗就曾经用一种隐晦的方式提醒他的女赞助人俄国凯瑟琳皇后说，大家都知道她会把类似的著作锁在柜子里，参见 "Plan of a University" in *French Liberalism and Education in the Eighteenth Century：The Writings of La Chalotais，Turgot，Diderot，and Condorcet on National Education*，F. de la Fontainerie，trans.（New York：reprint，Burt Franklin，1971）。

度"。正如托克维尔曾经说过的那样,这些民主化的作者"看到整个社会的庞大形象……他们的观念不是非常特殊和非常明确,就是非常一般和非常模糊"①。(《论美国的民主》,II, bk. 1, xvii)更有甚者,一些出于义务的说法,作为思想正确的信号在行文过程中反复出现,生怕读者不注意。对于那些在当今时代发表的关于教育的言论,如果其中没有旨在提升学生们的创造力的意图,那么我只会嗤之以鼻。② 举例来说,我们可以随机地找到这样的说法:"创造力……是一种独特的人类特质。"如今,我很可能会这样想:一切可能适得其反,学生如果想要成为创造者,绝对不该接受学校教育,而应该直接去叩响天堂之门。这种说法同样适用于价值观这一词,通过教育来树立"价值观意识"的要求只不过是一种时髦、一种礼节而已。价值这一具有颠覆意味的说法被尼采用来贬低我们根深蒂固的信念和道德认知,这样一来没有什么东西是好的了,一样东西只有有人看重它才是好的、有价值的。因为这一点而感到不自在的人寥寥无几。③

---

① 引自商务印书馆董果良译本。

② 我所能查到的有着同样的勃勃野心并带着一种预设性首次表达的是 Torquato Tasso 说的:"只有上帝和诗人值得被冠以'创造者'之名。"(Garin II, 18)同样,在杰斐逊所处的那个年代,这样的说法确实有着很重要的意义。他最崇拜的同时代哲学家 Destutt de Tracy 曾经写道:"我们人类不仅从未创造过任何东西,而且如果我们真的理解这个词代表的是要从虚无中制造出一些什么东西来的话,那么光是让我们去设想一下我们自己究竟能够创造些什么,就已经是不可能的事情了。"(*Treatise on Political Economy*, "Of Our Actions")

③ 在以教育为主题的著作中出现的这一说法,有些时候似乎等同于实证主义者所使用的事实价值差异这样一种本质上是在贬低其原有价值的说法。

所有的言谈都必须郑重其事,人文主义学者的无稽之谈在代代相传,公众的想法必须加以预计——所有这些因素叠加起来,彻底削弱了当代教育著述的力量,其中最具危害性的在我看来是第二个因素。一开始并不存在什么义务去考虑一个明确的教育计划所需要打造的各种根基,但是随着时间的推移,另一种义务渐成趋势了,那就是否认这些根基与这个计划存在的义务:"我坚信,在教育领域——以及可能在我们的生活中——并不存在必须向年轻人传授的确定数量的永恒真理、一成不变的真相或整齐划一的四艺和三艺,硬要这样做恐怕他们无法变得更文明、更人性化。"①这一段话还是非常具有代表性的——但是一个人得在事物之井中探寻多么深,才能让他发表这样的意见:"这件事深不见底!"

另一方面,在我此次探询过程中,我发现还是有不少著述是特别有用的,对它们进行分门别类有助于做出最好的总结。②

---

① Daniel Bell，*The Reforming of General Education*（Garden City，N. Y.：Anchor Books，1968），p. 147.

② 我会附加几本在这部分的分析中未曾提到的著作。总体而言,这些清单涵盖了以教育为主题的著作中称得上是经典的那些著作,但在所有现存的著作中它们仍然只不过是很微小的一部分,不过这部分在总体中所占的比例应该还算得上是合乎情理的。考虑到这些经典作品,我们对它们的引用更多是一些标准的通用段落,而不是那些可能暂时不容易拿到手的版本的章节。首先是两本资料性作品,第一本是将各种片段整理在一起的覆盖面非常广泛的作品,第二本则是德语和拉丁语双语作品的统合,文辞非常优美：Ellwood P. Cubberly, ed.，*Readings in the History of Education*（Boston：Houghton Mifflin Company，1920）；Eugenio Garin，*Geschichte und Dokumente der abendlaendischen Paedagogik*，Ursula Schwerin，ed.（Hamburg：Rowohlt，1966），vols. I - III（Cassiodorus to Locke）；Roger Ascham，*The Scholemaster*（1570）；（转下页）

　　第一类著述研究的是人类学习行为以及由此产生的教学行为　　8
的根源,其中最主要的是柏拉图的对话录《美诺篇》(大约完成于公
元前402年)。这本著作先是讨论了人的卓越品质能否教得出来,
然后把问题扩展开来,变成了对学习和教学本身进行深入探询。
书中将教学诠释为一种从学习者的灵魂中导引出知识的活动,而
能够让这种学习变得可能的事情的本质则存在于神话中,即书中
所提到的冥想式神话。另外一本类似的著作是奥古斯丁的对话录
《论教师》(大约在公元383年前后成书),在其中,同样的话题被提
升到有关意义和传播(这里只局限于该词的严格意义,即让某件事
变得家喻户晓,相当于分享)层面的问题,其中还特别针对词语本
身进行了深入的探讨。它向读者揭示了这样一个观点:所有的言
说都可以被视为教学,但是词语本身并不能传达什么,也不能引发
人们的任何反应——它们所能唤醒的只是人们的内心。灵魂之所
以能够有所回应,只是因为其内在居住着一个老师,也就是基督。
奥古斯丁这种赤裸裸的反复宣讲,也无法让那些试图以各自的方

---

（接上页）Jean Le Rond d'Alembert, *Preliminary Discourse to the Encyclopaedia of Diderot* (1751); David Fordyce, *Dialogues Concerning Education* (1755); John of Salisbury, *The Metalogicon* (1159); John Stuart Mill, *Autobiography* (1873); Montaigne, *On the Education of Boys* (1580); Plato, *Laws*, VII (before 347 B. C.); Plutarch, *On the Education of Children*, (ca. A. D. 100); Friedrich Wilhelm Joseph Schelling, *Lectures on the Method of University Studies* (1803); Herbert Spencer, *What Knowledge Is of Most Worth?* (1855); Thomas Aquinas, "The Divisions and Methods of the Speculative Sciences," *Commentary on Boethius' "De Trinitate,"* Questions V and VI (ca. 1259); Giambattista Vico, *On the Study Methods of Our Times* (1709)。

式对教育的两个核心要素（即教与学）进行追本溯源的著作提供正当理由。

第二类著述是由富有教学经验、充满人生智慧的教师们撰写的。其中之一是昆体良的《雄辩术原理》（大约在公元95年左右），在中世纪被人们间接地尊奉为教育方面最具影响力的作品，而到了文艺复兴时期，人们则开始公开地推崇它。与之地位相仿的还有马尔卡斯特的《立场》一书，作者将伊丽莎白时代的英语与献身教育的情怀结合了起来，使其成为我所知道的教育文献当中最具魅力的一部。

第三类文献的代表就是各类教育机构创立时制定的提案、报告和章程，比如富兰克林《关于对宾夕法尼亚州年轻人进行教育的提案》（1749年），还有与我个人的研究目的特别契合的杰斐逊的《石鱼口报告》（1818年），是代表为确定弗吉尼亚州立大学校址而特别成立的委员会的成员们而写的一篇报告。杰斐逊谈及教育问题的其他一些著述也将在我的这次探询中发挥重要作用，这些著述可以说既十分重要又存在不少问题，因为他的写作走的是经典的洗练风格，遣词造句都是精心打磨的，这样其内心深处的思想和疑虑往往会被遮掩住。

第四类则是以教育为研究主题的乌托邦式的幻想著述，不得不承认这书读起来还是很令人愉悦的。它们的优势是将自由的理论与鲜活的实践进行有机结合，它们自然而然地把具体的教育社群作为一以贯之的教育行动的核心。这批著述包括莫尔的《乌托邦》（1516年），其中关于教育的部分可以归为人文主义那一派；康帕内拉的《太阳之城》（1602年），其核心神殿是一个体系极为庞大

的教学模式;培根的原型研究情结体现在其《新亚特兰蒂斯》(1627
年)一书中。所有这些机构都严格坚持初创时的理念,它们大胆地
想象教育理论的应用,并不断地付诸实践。这里还可以加上威
廉·斯密斯非常具有美国特征的《米拉尼亚学院》(1753 年),其中
对经典的学习在农业中得到最高体现。另外还有两部来自德国的
教学方面的代表著作:一个是歌德的《威廉·迈斯特的漫游时代》
(1821 年),该书描绘了一个个人成长基础,努力将自我表现与艰
苦奋斗相结合;另一个是黑塞的《玻璃球游戏》一书,该书所呈现的
是后现代的教育模式,卡斯塔里学校的精英委身于具有游戏意味
的各种形式主义当中。

　　接下来一类作品虽然有些可疑,甚至令人反感,但是其震撼力
和影响力还是非常强大的,只不过各自发挥影响力的手段不同,有
的发明一些课堂教学和管理技巧让教育变得"温而厉",有的传授
一些外柔内刚或者说以柔克刚(所谓把铁拳藏在天鹅绒手套里面)
的技巧,还有一些则将教育变成一门潜移默化的柔性操控式艺术。
夸美纽斯的《大教学论》和《母育学校》(1650—1660 年)就属于第
一种情况。我们可以从这些著作中找到在当年尚属新奇的普适性
教育概念,其中的辅助措施包括设立大规模的讲解课,采用定制教
材和视听手段,完全按照统一标准来衡量教学结果,由学生助教来
教课。这些有趣的著述同时汇集了所有现在看来显得是陈词滥调
的人文主义概念:1. 完人接受的应该是人性教育;2. 学校是人生
的一个实验;3. 教育最终能够改变整个世界。卢梭的《爱弥儿》
(1762 年)属于第二种概念。最后一种概念的代表作就是杜威的
著作,举例说他的那本《我的教育信条》(1897 年),该书的风格非

常简练,不同于他的其他著作。这一类著作很自然地会将注意力更多地聚焦于儿童教育而不是高等教育。

接下来还有一小部分特色鲜明但是篇幅不大的文献,从另一个角度来看,它们在教育实践方面所造成的影响转瞬即逝,很难被察觉。但是,在涉及我这一次的探询所聚焦的范式时代,也就是美国早期的教育方面,它们还是发表了很多意见。美国历史的那段时期是罕见而珍贵的,因那时候自我认知和表达能力长久地显现其重要意义,因而这批作品向公民提出的意见和建议都是基于独立的精神和自由的思想,而且因为其实践的企图并不那么急迫,所以这些意见和建议也并没有受到什么限制和约束。这一批著作的主要作者包括乔尔·巴罗、罗伯特·柯兰姆、杜邦尼莫斯、塞缪尔·诺克斯、塞缪尔·哈里森·斯密斯和诺亚·韦伯斯特。①

10

---

① 来自美国的资源:Richard Hofstadter and Wilson Smith, eds., *American Higher Education: A Documentary History* (Chicago: The University of Chicago Press, 1961), vol. I; S. Alexander Rippa, ed., *Educational Ideas in America, A Documentary History* (New York: David McKay Company, 1969); Frederick Rudolph, ed., *Essays on Education in the Early Republic: Benjamin Rush, Noah Webster, Robert Coram, Simeon Doggett, Samuel Harrison Smith, Amable-Louis-Rose de Lafitte du Courteil, Samuel Knox* (Cambridge: Harvard University Press, 1965); Wilson Smith, ed., *Theories of Education in Early America 1655 – 1819* (Indianapolis: The Bobbs-Merrill Company, 1973)。

同时还可参见 Allen O. Hansen, *Liberalism and American Education in the Eighteenth Century* (New York: Octagon Books, 1965),这是对美国建国早期以教育为主题的著作的回顾;Abraham Blinderman, *American Writers on Education Before 1865* (Boston: Twayne Publishers, 1975),则收集整理了很多其他人的语录。

第七类，也是最后一类，则是那些基础文本，乍看起来它们并不属于教育类作品，但它们把教育计划置于人类本性和自然本身的根基之上。值得首先提及而且难以匹敌的著作是柏拉图的《理想国》（II 和 VII），该书在哲学和政治情境下对后来人们所称的自由艺术进行定义和排序。紧接其后的是亚里士多德的《政治学》最后一章，它把教育置于政治艺术的最高点，亚里士多德的方法表现出一以贯之的通达而又深刻的特点。现代时期的著作中首先值得一提的是培根的《学术的进步两书》（1609 年），也就是《大复兴》一书的引言部分，这是公认的现代学习理论的伟大奠基石，正是这部著作最终承担起了为我们现代的高等教育机构设计思想体系的责任。最后，我们绝对不能忽视了洛克《关于教育的一些看法》（1693年），可以说这是对美国教学领域产生最大影响的一部学术专著。也不能忽视洛克的遗作《论人类理解这一行为》，它更具鲜明的哲学意味，原本是作为《人类理解论》的一个章节——该书在美国建国时期成了最具权威性的哲学著作。

由于在严肃意义上的哲学著作中，是整体决定局部的，所以，如果一点都不进行整体的解释——哪怕是初级的整体解释，只是孤立地引用局部内容，也是不能成立的。与之相对应的是，每一种诠释都必须建立在精确的引用的基础上，每一次使用文本，如果所标示的思想印记是似是而非的，那是不被允许的，不管这种印记是亚里士多德的、培根的、康德的还是其他人的。① 在我引用这些文

---

① 最近有本关于教育的专著（Bell，*Reforming of General Education*，pp. 162 - 63），我只读了两页不到，就已经统计到七个类似的总括性术语。

本的时候，我一直不断地提醒自己不要犯这样的错误。

## 术语界定

### 术语：共和国

11     我想要研究的只是共和国的教育而已。西塞罗将柏拉图的著作《理想国》的希腊文书名 *Politeia* 翻译为 *Res Publica*，即"共和国"，并按照罗马人的理解将其诠释为 *res populi*，即"广大民众的财产"，包括建筑物和不动产（西塞罗，《共和国》，I, xxv）。他这样诠释倒是紧紧地抓住了一个很具体的元素，但是在我看来，这个元素与这个术语不太吻合。正如托马斯·埃利奥特爵士在《统治者之书》(I, i)这本关于如何教育统治者的著作中以非常谨慎的态度提到过的那样，所谓共和国其实就是一个共和体联邦，是公众的财产。他对共和国（*republic*）这个术语一直很纠结，不敢轻易下定义。他在书中写道，这是一个"公众福祉"，"一个活生生的生命体"，但是如果公共的福利是指"每一样物品都应该是公共的，属于所有人"的话，那么共和国显然不意味着"公共的福利"。这其实是一个比较具象化的领域——绝对不是抽象的——既不是我的也不是他们的，同样也并不是我们的，最精确的说法是这是属于公众的（*public*）。它组成的这个生命体并不拥有独立的灵魂或者存在——它也不是"国家"。在最精确的意义上来理解，如果要为"共和国"找到一个有启发意义的对立面的话，那么应该是由教会构成的宗教团体，这是真正大一统的，是具有精神属性的。举例说，当年那些清教徒们尚未离开英格兰的时候就签订过一份精神誓约，但是他们只有在踏上科德角的那一瞬间，才真正践行这一誓言，团结起来，形成一个"公民政治体"（《五月花公约》，1620 年）。① 也因此，在本书中，我但凡用到 *republican*（共和国的）这个术语时，首先指的是一个特定的尘世的公共领域，从本质来说这是完全政治性的领域。

　　就其狭义而言，我在使用 *republic* 这个术语的时候，主要还是用它来专指美国的政体，我们的建国之父们曾经根据他们各自的固有想法对其进行过相应的界定和诠释。杰斐逊就特别坚持共和国这个术语中所蕴含的民主意味：

　　　　必须承认，*republic* 这个术语无论是在哪种语言环境里，其使用都是模糊不清的……如果非要我给这个术语提出一个精准而明确的概念的话，那么我的意见应该会是非常纯粹也非常简洁明了的，那就是，它意味着一个由作为大众群体的公民，以直接和个人化的方式所组建的政府，依据由多数人建立的规则来运作。

　　　　　　　　　　　　　　　　　《致泰勒》，1816 年 5 月 28 日

亚当斯则更多地采用了"公众权利"这一观点：

12

　　　　一个共和国最直接的定义就是"一个法治而非人治的帝国"。

　　　　　　　　　　　　　　　　　《对政府的思考》，1776 年 1 月

---

① 与 William Bradford, *New England's Memorial* 相关。

而麦迪逊则在自己的诠释中贯入了一些特别具有美国特征的因素，这些因素很显然被杰斐逊有意无意地忽略了：

> 美国之所以和其他共和政体不同……正是因为坚守代议制原则。这一原则是美国贯彻一切行动的基础和关键所在，而其他那些共和政体或者至少是古代的共和政体对代议制原则通常来说都是无知无觉的。
>
> 《联邦党人文集》，No. 63

综上所述，从最高的通常意义上、从美国这一特定的实例中来看，republican（共和的、共和国的）含有很强的政治意味，具有这样几重特征：民主、宪政、代议制——而且，和现代科学密不可分，这一点也不无关联。从这一术语的含义中能生发出许多让共和国政体的教育变得问题重重的对立面：世俗性与反思性、公共性与私人性、精英性与大众性、合法性与道德性、原则性与实践性，不一而足。但是，上述所有这些对立面最终都是因为一个具有双重性的奇特地位产生的：共和国就其本质而言把这样一个地位赋予其公民，使得"公民"这一存在具有双重属性：一方面，是一个个体，一个不可再分的原子化的——最次要的、平等的——选民；另一方面，又是一个活生生的人，一个无法限定的、独立自觉的、无法比较的主体。

教育应该由政体来决定，这是一个比较古老的想法："在一个政治社区里，一旦没能做到由政体来决定教育，那么所有相关群体都会受到伤害，这一点显然是没有人能加以辩驳的。"（亚里士多德,《政治学》,VIII,1337a)在现代人当中是孟德斯鸠第一个敏锐地观察到"正是在一个共和政府里,才需要教育来发挥其全部力量"(《论法的精神》,孟德斯鸠,III,3)。

　　基于此,对于一个共和国的成员或者公民来说,其教育必须体现出针对性,就像许多其他类型的教育都有具体针对的对象:有针对国王的教育[色诺芬,《居鲁士(*Cyrus*)的教育》——*kyros* 在希腊语中的确切含义恰好就是权威,*authority*];有针对哲学家兼统治者("哲学王")的教育(柏拉图,《理想国》,这里的教育其实是为哲学而设、为进入爱之城而设);有针对从事公共事务者的教育(昆体良,《雄辩术原理》即《论演说家的教育》——所谓演说家在这里就是指从事公共事务的人);有针对基督教徒的教育(奥古斯丁的《论基督教教义》第二卷详细地解释了在《圣经》学习过程中如何借鉴异教徒的学习方式);有针对侍臣的教育(卡斯特格里昂,《廷臣书》);有针对信基督教的国王的教育(伊拉斯谟《一个基督教王子的教育》);甚至有针对人本身的教育,这主要存在于人文主义学者那里(人的使命看似特殊,其实也并没有什么不一样的地方)。

　　我很希望能够在那些我前文提及的美国早期的著作中,尤其是杰斐逊涉及教育方面的作品中,找到其所探讨的针对美国的具体教育情况。① 以杰斐逊为首的这些作者都具有自我反省精神,

13

────────────

① 杰斐逊关于教育的著述几乎完全是由与法律相关的文本报告和通信所组成的,主要的一些说法包括"Bill 79 of 1799 for the 'More General Diffusion of Knowledge'",倡导推行由"hundred"(监护式)学校、"grammar"(初级)学校和学院(William and Mary)等组成的教育制度,并且对其进行了全面深入的阐述,参见 *Notes On the State of Virginia*(Queries XIV and XV)。在 1787 年(转下页)

也能做到有的放矢,其所关注的主要是公民教育。有一点要明确
的是,杰斐逊在立法方面的提议和在哲学方面的观点,在他有生之
年其实都没有得到充分的实现,更谈不上什么成功;尽管这样,他
在思想和制度方面的建议最终还是占据了上风,只可惜并没有多
少明确的证据能够表明这些占据上风的建议来自他。① 我这里所
提到的建议包括世俗化课程、大学奖学金制度、选修课程、以院系

---

(接上页)8 月 10 日给 Peter Carr 的信中谈到了学院研究,在 1814 年 9 月 7 日给
Peter Carr 的信中概述了一个涵盖了从小学到职业学院的完整的机构规划,还
可参见相对应的 *Bill of 1817*,以及 *Report of the Commissioners Appointed to
Fix the Site of the University of Virginia*、1818 年 8 月 1 日的 *Rockfish Gap
Report*,后者可以称得上是杰斐逊对"初级"和"高级"教育议题的目标和内容所
给出的最全面深入的陈述。1825 年 2 月 3 日给 Joseph C. Cabell 的书信(包括
麦迪逊在 1829 年 2 月 8 日那封口气平和的回信)则谈到了有关政府研究的描述
性文本,还可参见 1825 年 3 月 4 日的 *Minutes of the Board of Visitors of the
University of Virginia*。这些文本出现在本附注所提及的 Cabell 已出版的书信
以及 Conant 和 Honeywell 的文字中,后者由 Arthur Bestor 收集整理在 *Three
President and Their Books* (Urbana: University of Illinois Press, 1955), pp. 39
- 44 的"The Reading of Thomas Jefferson"中。

汇编成集的以及学术性著作包括 Herbert B. Adams, *Thomas Jefferson
and the University of Virginia* (Washington, D. C. : Government Printing
Office, 1888); James B. Conant, *Thomas Jefferson and the Development of
American Public Education* (Berkeley: University of California Press, 1962);
*Early History of the University of Virginia as Contained in the Letters of
Tomas Jefferson and Joseph C. Cabell* (Richmond: J. W. Randolph, 1856);
Roy J. Honeywell, *The Educational Work of Thomas Jefferson* (Cambridge:
Harvard University Press, 1931); *Thomas Jefferson and Education in a
Republic*, Charles F. Arrowood, ed. (New York: McGraw-Hill Education
Classics, 1930; Michigan: Scholarly Press, 1970)。

① Merrill D. Peterson, *The Jefferson Image in the American Mind* (New York:
Oxford University Press, 1960; reprinted 1970), pp. 238 - 244.

组织以及分阶段进行的公共教育系统。举例说，1869 年埃利奥特
宣布要在哈佛设置选修课制度的时候，他也并没有向该制度在美
国建国初期的倡导者致敬，他在演讲中只是提到了杰斐逊思想的
两个重要而伟大的源泉，即培根和洛克。① 换句话说，杰斐逊似乎
已经预料到其所指称的美国的天才的出现，或者至少是美国的一
种表达的出现。

　　对于我在本书探询过程中引用美国建国初期的文本的正当理
由方面，我还想再说几句。亚里士多德曾经说过，立法者应该确保
政治团体能提供适合其政体的教育。美国的建国之父们很显然也
是立法者。孟德斯鸠强调过教育的重要性，认为教育对于共和国
来说尤其重要。建国之父们对孟氏的这一观点不仅了然于心，而
且予以实证。因此，他们全身心地接受从古代到现代的哲人思想
的责任观念。另一方面，当年的建国基础今天是否还能够被视为
美国人的生活的根基，这是至今争论不休、悬而未决的问题。我对
这个问题的推断是，在这个国家，建国的初心依然在起作用，不仅
影响着我们的教育制度，而且提供了长期适用的参考框架。换句
话说，在我们当下这个时代，建国初期的所作所为有时候呈现为一
种难以避免的腐败现象，有时候呈现为喜出望外的成功感觉，有时
候呈现为攻坚克难的重建过程，有时候呈现为无端放大的严重错
误。可以确定的一点是，建国初期那些作者们的教育观念其实并
没有造成广泛的系统性的影响。第一个影响巨大的全国性立法是

14

---

① *A Turning Point in Higher Education*；*the Inaugural Address of Charles William Eliot* (Cambridge：Harvard University Press，1969)，p. 2.

1862 年林肯总统签署的《莫瑞尔联邦土地授予法》。而对建国之初的三代人而言,教育在很大程度上是不受管控的,属于地方性事务,这背后的部分原因显然是建立教育系统所需要的政府活力的欠缺——建国初期那些作者们,至少有一部分,在构建更宏大的政治理念时对这样的政府心向往之——众所周知,联邦宪法并不包含任何有关教育的条文。早期这些民间思潮和实践折射出美国模式中所固有的一个更悠久、更经典的传统,美国建国之父们的理论最终对这些思潮和实践造成了正反两方面的影响。

### 术语:教育

涉及教育的所有问题其实无非是谁,为了成为什么样的人,想要做什么样的事,应该去学习什么,如何学,由谁来教,与谁一起学?

这些问题紧紧抓住了教育的核心要素,包括学习者、学习的内容、通过学习而发生的改变、实用性的目的、学习的计划、教师以及以整个学习社群。也许大家还希望加上另外一点:对成功设定了什么样的预期?

对于这样一个需要宏大篇幅才能回答的质询,我会有所克制地给出我自己的答案,我想在这里指出的是,人们对教育的通常理解涵盖两个方面:其一是那些管理教育过程的人,比较合适的一个称呼是教师——顾名思义就是那些向别人展示一些知识的人(就像其同语系的另一个词 *token* 的意思那样);而另一个则是那些接受前者所展示的知识的人,通常就是我们所称的学生,其具体含义是那些最终会运用到这些知识的人(来自拉丁语 *studere*)。

要精确完整地理解这两种活动，有一个难点在于其本身具有的模棱两可和难以捉摸的特性。究竟什么才算得上是真正的教学？有一个正式的答案，很好但只是一个隐喻表达，那就是借用拉丁文 *to educate* 的词源，其本义是引导——从儿童期引导到成熟期，从幽暗洞穴引导到光明世界，从传统保守引导到自由自在，从潜力潜能引导到现实实际。因此，就让我暂且借用一下亚里士多德的洞见吧，这倒并不是为了获得一个明确的答案，而仅仅是对这个问题进行纠偏。

亚里士多德将人的智性追求分成四种：知识或者真相（*theoria*）；实践智慧或者辨别力（*prudence*）；技能，或者理性、负责的创造行为（*technē*）；以及经验，或者一种通过不断试错而获得的能力（*empeiria*）。（《尼各马可伦理学》, VI, 1139b ff. ;《形而上学》, I, 980b ff.）

那么，教学算得上是一种知识吗？按道理，知识应该是教学的一个条件——尽管被大家公认所有教师中最伟大的那一个一直强调说他自己所知甚少（柏拉图,《申辩》21）——教学本身尽管可以说是对知识的一种处理，但其本身并不必然需要成为知识。亚里士多德强调指出，能够被归入知识的事物的核心标志就是它是否能够被传授。尽管也有专门培养教师的学校，但是谁若是说教学的本质和精髓是可以教、教得会的，那是令人怀疑的。

那么，我们可以判定教学是某种实践智慧吗？看起来，教师们的工作与政治之间似乎有相通之处，两者都是目的性、劝说性很强的演说，而政治演说是共和国所有活动中的最主要手段。但是，教学本身所推进的行动是很难真正得到验证的——学生们究竟从中

15

学到了什么,这一点本身是很难说清楚的,即便他们确实学到了一些东西,也无法确定这是因为老师传授才学到的。说一个教师教得不错很有成效确实可以表明他对他人施加了明智的影响,但是,一旦讨论到智力问题,实践活动的实际效果很难认知清楚,至少在关键的问题上是无法认知清楚的。

那么,我们可以判定教学是一种技艺,一种以"学生原料"来制造出某种东西的,可以通过学习来掌握的方法吗?对教师的培训,充其量只能做到学徒制那样,这一点是可以确定的;另一个也比较不容辩驳的点是,教师确实需要借用一些教学工具,而不仅仅是只依靠他们自身来完成对学生的传授工作。当然,教育机构本身也一直被说成制造产品的机器。但是,这种说法是源自工业领域,这一隐喻通常总是(也应该)引起世人的反感。

归根结底,教学真的是一种能力吗?毋庸置疑,所有优秀的教师都身怀绝技,有很多锦囊妙计。但是,他们之所以能够技艺高超,完全是因为他们本身就是优秀的教师,而不是相反。

不管做出多少努力,我们都很难搞清楚教学的各种智力活动究竟可以归为哪一种。其中的困难之处倒并不在于如何合理地解释教学机构中的教师兢兢业业的所作所为——这些教师在其所教授的课程方面绝对胜任,他们备课认真、上课勤勉、讲课得法,而且注重与学生们在课余当面交流。尽管如此,没有人(也许那些所谓的教育学家除外)能够想象说,光靠上述这些行为就可以造就一个教师。就我自己对这件事的看法而言,我随后会指出,*teacher*(教师)这个词的词源学含义还是可信的——教他人东西其实就是有意识地在向他人展示一些东西,具体而言,就是向他人展示教师自已所学所知的结果以及其学习和认知的过程,相对而言后者更加重要。

教育的另一个方面是学生学习什么。在最精辟、最合适的意义上来看,教育究竟是什么呢?

在我看来,教育的整个过程就是学习阅读的过程,而所谓的接受教育就是知道如何阅读。在这里,我所用的"阅读"一词是基于一种广泛的理解,但我的所指确实是阅读。教育和识字在很大程度上应该是可以互换的说法。基于这样的理解,教育显然并不是"像人(的概念)一样广泛"。但是,教育的含义还是可以明确的。

有一个世界,自生自灭,自转自移,和我们大家毫无关系——那是自然的世界。也有一个王国,是由我们人类设计和生成的——那是艺术的世界。另外,还有一个体系,反映或者也许还可以说塑造了上述两个世界——那是知识的世界,*orbis intellectualis*。

人类通过教育进程来学会接受并阅读这个反映体系,并通过它来接受并阅读另外的世界。基于此,阅读这个词汇在好几种不同语言中都深具意味这一点也就并不显得偶然了。在希腊语中,它是 *anagignōskein*,再理解、不断理解的意思;在英语中,*to read* 是指解谜。拉丁语的 *legere* 则意味着收集(*intellect* 也有同样的意思);在希腊语中,同样的词汇 *legein* 则意味着以理性的方式来说话(*logos*,理性,也一样)。在这里,我想指出的只是,阅读从来都是一种解释学/诠释学的活动:含义的恢复、反省的再现和演说的解释。因此,阅读本身关注的是那些已经被思考过和被陈述出来的内容。因此,教育让我们能够有机会接触到原初的探询并了解其情境,而这些成果是伴随着教育的过程产生的。但正如教学

本身不得不承担的公共义务终究使之有别于私下里学习所能获得
的愉悦一样，学习所付出的劳动也并不等同于思想的活动。即便
是最好的学校，其日常生活也必定只能是通过枯燥平淡的努力掌
握他人思想的过程——思想本身只能加以促进而无法按部就班地
编排出来。

　　由于这一知识王国存在于文本中，教育也就很自然地围绕着
书来开展——有乐谱之书，有数学符号之书，但其中最为重要的是
字母之书，其中的词语是思想的特别传播工具，也是用来展示他人
思想财富的最可靠的方式。因此，世人通常会用读书学习的品质
来作为教育机构的评判标准，如果不遵循这样的标准，要么导致教
育机构的衰落，要么促使其倒行逆施。

　　在我将教育界定为阅读的时候，很显然并不是指拼写和破译，
而是指更先进的对文字的掌握。柏拉图在《理想国》中首次设定了
完整的学习课程，这一课程设置得非常周全，一开始就考虑到了年
龄因素，意识到要想最终掌握某项技能或者事务，至关重要的是要
基于学习者所处的年龄阶段。也因此，苏格拉底并不希望"小朋友
们"过早地接触辩证法这种最高级的哲学思考（VII，539），其理由
是，孩子们不仅需要学习，而且需要温习预备性的哲学方法论
（*methodos*），只有这样，辩证法才不会被视为嬉戏和胡说。苏格拉
底还为对严肃认真的预备学习进行简要回顾设定了一个年龄界
限：20 岁（537）。

　　预备教育在现代获得了新的含义，在此之前它有一个希腊名
称，*encyclopaedia*（*egkyklios paideia*），其具体含义是当下通用的
儿童教育课程，但很多人还是经常将其理解为无所不包的课程（百

科全书）。① 该课程涵盖了不少自由的科学科目（*eleutheriai*
*epistēmai*，亚里士多德《政治学》，VIII，1337b），后来被归类为自由
七艺。根据该课程所针对的机构和年龄层级，其内容也不断变化：
有的针对修道院或者大学，有的针对少年男子或青年男子。不管
这些内容当中会包含哪些科目，其指导原则都是哲学。②

　　跨入新世界之后，作为一体化和必修课程的古典课程就被名
为学院的机构所接管。学院算得上是持续时间最长、最具特色的
美国学校，其貌似稳定实则不稳的特征也是美国教育机构的典型
特征。幼儿园、公立中小学，当然还包括作为后来者的大学，这些
学校所仿效的都是德国的教育模式。最终取代了美国专科学校
（其最著名的赞助人和倡导者是富兰克林）的高中则完全是基于大
学的要求，以一种自上而下的方式创立的。但是，那些学院却是从
英国传统承继过来的，到美国革命时期已经取得了长足的进步，在
美国建国时期则更是得到了雨后春笋般的发展——光是从 1780
年到 1799 年，就有经历了革命风雨而留存下来的 16 家学院获得

18

---

① H. I. Marrou, *History of Education in Antiquity* (New York: Mentor Books,
　1964, first published in 1948), pt. 2, ch. VIII, and p. 528, n. 3.

② 关于百科全书和人文艺术的讨论，参见第二章。关于 *egkyklios paideia* 作为针
　对男孩的教育，参见 Quintilian I, x；关于年轻人接受的人文教育，参见 Hugo St.
　Victor, *Didascalicon* (Garin I, pp. 164 ff.)；关于艺术的哲学目标，参见 Plato,
　*Republic* VII; Isocrates, *Antidosis*, pp. 270 ff.（因为其写得过于肤浅反倒更需
　要被提及）以及 Hugo (Garin I, pp. 188 ff.)——很少的一部分。顺便说一下，
　Hugo 关于学习的论文集被大家奉为 12 世纪前半世纪的教育专著中的一颗明
　珠，其标题 *Didascalicon de studio legendi or Teaching Manual on the Pursuit
　of Reading* 几乎涵盖了所有议题。

了办学许可证,尽管它们当中绝大多数都还是受教会掌控,但也有几家是完全自主的。不可否认的一点是,在美国内战之后,随着大学数量突飞猛进,这些学院在高等教育领域的重要地位被迫降低。但是,尽管大学的地位还在上升之中,作为一种补偿方式的一场原则性的辩论还是发生了,这场辩论与当代发生的关于小型私立学院的命运的争议非常相似,只不过前者更加简短一点而已。当年最具代表性的辩护一方是 1828 年发表了一篇报告的耶鲁学院全体教工,而最具说服力的反方意见则来自 1842 年法兰西斯·威兰德发表的《关于当下学院制度的一些看法》。①

有一种罪叫作历史学家之罪,即所谓的"不能与时俱进",而这

① 一系列宝贵的资料来源,尤其是在涉及美国教育领域的时候,应该是教育领域的经典作品。它最早是由出版署、教师学院和哥伦比亚大学在纽约出版的。特别请参见 Francis Wayland, "Thoughts on the Present Collegiate System" (1842), *The Colleges and the Public*, *1787 - 1862* no. 15, Theodore Rawson Crane, ed. (1963), *ibid.* for the "Yale Report" (pp. 83 ff. ) 和 Wayland 的其他著作(pp. 112 ff. )。并参见 *The Age of the Academies* no. 22, Theodore R. Sizer, ed. (1964);*Benjamin Franklin on Education* no. 14, John Hardin Best, ed. (1962);*The Republic and the School*;*Horace Mann on the Education of Free Men* no. 1, Lawrence A. Cremin, ed. (1957)。

关于后革命学院的诸多基础的论文,参见 Hofstadter, *Academic Freedom*, p. 211。基于不同学院的办学章程要求,其中有不少做法是被禁止的,包括"强制要求推行任何类型的宗教性测试",而且其中至少有一个学院的校长甚至都不是神职人员,即 1784 年获得许可的马里兰州阿纳波利斯市的圣约翰学院的约翰·麦克道威尔。该学院的章程,尤其是在初稿中,就有一些和罗德岛学院的章程相类似的说法(1764),确实可以作为体现当时尚在殖民时代的美国学院对宗教的宽容态度的范本。见 Hofstadter and Smith, *Documentary History*, pp. 134 - 36。后来的学校(即后来的布朗大学)本身就是由浸礼会教友创办的,对于这些人来说,将教会和国家彻底分离的代价特别大。

一罪行的重要程度——事实上也就是这种罪行的发生——往往因为衰落与遗忘而被显露出来。在 19 世纪后半段,看起来犯下了这一罪行的就是那些学院,但是不知为什么它们竟然生存了下来,这令人颇感意外。1918 年,托尔斯坦·凡勃伦出版了《美国的高等教育》一书,对所谓的大学——完全在"博学领导"掌控下的新型经院式帝国——提出了极为尖锐的检视和批评。在书中,他以一个仍然饱含希望的预言作结,指出未来也许会发生某种逆转,即便不转回学院本身,也可能转回学院的教学方式。事实上,从凡勃伦那个年代开始,大家持续不断地推动这种逆转,要么转到通识教育上来,对学术研究的主要领域进行宽泛的介绍,要么倡导人文(自由)艺术的复兴,虽然初级但却比较具体地掌握思想探询的根本技能。①

　　说说杰斐逊,他是美国早期最有影响力的教育著作的作者,他可从来不是经典学院的倡导者,甚至连他自己曾经求学的威廉玛

----

① 关于自由教育和一般教育之间的差异,请参见 Bell, *Reforming of General Education*, p. 8, 在这里,该差异被彻底忽略掉了;Van Doren, *Liberal Education*, "Preface to Beacon Press Edition"则体现出了两者之间的差异;Russell Thomas, *The Search for a Common Learning：General Education, 1800 – 1960*（New York：McGraw-Hill Book Company, 1962）, pp. 104,则彻底批驳了这两者之间的差异。

　　同时也可参见 Sidney Hook, Paul Kurtz, Mario Todorovich, eds., *The Philosophy of the Curriculum；The Need for General Education*（Buffalo：Prometheus Press, 1975）。

　　只有阿纳波利斯市和圣塔菲市的圣约翰学院重新推行了全方位的更为固定的人文艺术课程,并且结合了对西方传统文本的阅读要求,也就是 1937 年推行的"新计划"。

丽学院也不受他待见，也因此很自然的，在他创办自己的大学时，学院的经历并没有给他建立大学造成太大的障碍。[①] 这背后的原因也不难理解：那个时代的学院通常都是归属于宗教教派的，其所倡导的主要是温和的渐进式改革，而不是野心勃勃地推进知识传播和学术进步，而且那时的学院更多地受限于本质上属于前科学阶段的学习规划，也因此很难融合进公共教育的完整体系中。因此，古典人文教育的悖论可能就体现在杰斐逊针对其所在州的大学而制定的现代教育计划与半私立学院所推行的保守的教学实践活动的并列和对立之中。

　　我在这次探寻中把学院作为考察的焦点是正确的选择，其中原因有多方面因素，上述历史性考量只是其中的情境性因素。更基本的观点是，从我所确定的直截了当的意义上来看，教育正是在学院这样的环境中最自然地开展（这个意义不适用于特殊的"高等"教育，而只是适用于一般的教育）。对于学生来说，他们在学院度过的那段时间按照传统规律一般是从 16 岁到 22 岁，正值发育的晚期和青春的早期。这段时期对于人们和自然来说应该都算得上是一段非常特殊的间奏期。正是在这一时期，人们通常还不必直面成家立业的责任，尚未"彻底屈服于命运的羁绊，成为命运予取予夺的人质"，而且外部世界也愿意让年轻人尽可能地享受更多闲散时光。也是在同一时期，会出现两个条件完美结合的情况，这对教育本身来说是非常有利的。第一个条件是，这个时候的智力本身就特别敏锐、特别容易接受新鲜观念，也因此那些最为深邃也

19

① Cabell，*Letters*，pp. 304 ff.

最难以掌握的形而上学思辨容易受到热烈的追捧和认同,并且即便是那些随后除了死记硬背之外再也不愿意多想一步的人(苏格拉底对话录《巴门尼德》[126 C]所提到的安蒂丰就是典型的一个例子),也都愿意主动投入时间去演绎并给出自己的诠释。第二个条件是,这个时期的激情已经足够成熟了,完全可以承受那些与肉体欲望紧密关联的严肃认真的人生经历(指恋爱),当然前提是这种恋爱并不阻碍学习。一个年轻人,如果不曾有过这样的人生阅历,那么大多数诗歌和哲学作品对于他们来说就不过是一本没打开的书而已。(捎带说一下,同样的情形会在人们进入中年的晚期时再次发生,当然调门可能没有年轻时那么强烈和高亢,也许未来某一天,学院会意识到这一点,而去这一年龄段的人群中寻找目标生源。)

　　不管教师们如何努力试图"让学生们多为自己考虑考虑",在大多数情况下,所谓教育都适合被视为某种类型的培训,而每当涉及儿童,"我们都称之为教育,事实上这不过是一种早期的习俗而已"(培根,《社会习俗和教育》)。把那个阶段之后接受的一切称为培训也很合适,也就是说,是针对成年人的研究生培训、专业性培训或者实用性培训。这也再次证明了一个不可消除的美国传统,那就是,在学院这一学习阶段绝不应该聚焦于培训,而应该进行真正意义上的教育。①

20

---

① Albert J. Nock, *The Theory of Education in the United States* (Chicago: Henry Regnery Company, 1932).

# 三个悖论：功利、传统、理性

行文至此，我们终于可以将注意力转移到我已经分辨清楚的关于美国的教育的几个特定悖论。这些悖论分为三个类别：功利，关于教育的目的和目标；传统，关于教育的手段和方式；理性，关于教育的内容和实质。

功利这个概念意味着工具性，是一种手段。在教育中，这个概念是指旨在获得济世用途的学习。关于教育的功利性问题，一直以来就存在着很多变种和误解，而合乎情理的有用性则主要分为两种：个人和社会。前者涵盖了职业化、专业化的培训；后者则更多地聚焦于公民教育。公民教育一直是美国早期的作者们，尤其是杰斐逊，在涉及教育问题时所关注的核心观念。他们的著作中隐含着许多有关共和国特性的恒久的对立观念：传统与革命、学校教育与社会人生、优越与平等、公民与政治家以及公民与哲学家。在上述一切之上是功利主义教育本身的悖论：把本应当作目的的学习当作手段。而一旦大家对于有用的学习和自由的学习两者之间的差异能够了然于心，那么，功利主义教育的悖论就不难找到有效的解决方案，那就是，把两者之间的关系看作互补的而不是互斥的，因为自由教育是对目的的探询，这种探询对于天生就要从事功利性活动的美国来说是不可或缺的。

这里所说的传统指所有文本的集合，这些文本通常被视为西方学术的奠基性著作。美国的建国之父们有时不知不觉、有时旗帜鲜明地否认对于传统的学习，不承认这种学习是接受教育的主要手段,尽管他们自己都经历过这样的学习和教育过程。他们摒弃传统的做法说不上荒唐,而是与美利坚合众国的世俗化和科学化根源若合符节。其所表现出来的核心特征是,经典的学习的光环变得黯淡;更加聚焦于"事物,而不是言词";有意识地降低对文本的注意力。但是,对于任何一个公民来说,对于事物起源的洞察是至关重要的,而一旦传统被彻底颠覆了的话,那么我们建国的基础也将不复存在了,其意义会变得难以理解。对于教育的传统这个悖论,其解决方案是在特定的共和精神下恢复传统。我所建议的教育努力不是宣传或者研究,而是探询——对意义进行直截了当、开诚布公集思广益的探究。应该采取的手段是对诗歌、科学和哲学方面的原始文本进行解读,确保每一种解读都能找到正当而具体的理由,而为了重新回到原点,我们需要把所有方面的解读都整合起来。

　　理性则是一个宽泛的概念,可以说是美国民主制度所独有的,其核心律令是"为自己而且只在自己身上寻找事物的理性"。理性存在着不少相互关联的面向,其中每一个就其自身而言都颇有问题:这种为自己考虑的义务使得他人的思想——最终甚至包括自己的思想——都变成了一种纯粹的意见。这种自我表达的冲动与保持客观的必要性之间是很难兼容的。寻求真相,即乐于接受真相,是一种努力;而理论化,即理性的构建,也是一种努力。两者之间的差别其实是很明显的,但却变得混淆不清。作为自我的重要的理性工具,心智的最后一招是自证(不证自明),它负责处理其所接触到的被理解为证据的异物,但是心智倾向于预先就阻止理性反思,而异物则倾向于预先阻止直接性。与存在于人们头脑中的理性本身相对立的是人们受到抑制的心灵：心智和情感在一开始互相不兼容。最后，这种模式在公共领域所造成的后果就是一种无处不在的形式主义，其中存在很多刻意为之的凌驾现象：手段凌驾于目的，主观追求凌驾于客观结果，可能性凌驾于现实性，与此同时，日渐式微的内容和实质被封闭在个人世界里。

理性的每一个面向都会给我们的教育带来影响，而且是我们大家都耳熟能详的影响："让"学生们为自己考虑这样令人觉得不可思议的壮志，即对"创造力"的渴求、对"培训心智"的企图、对"完人"教育的呼吁、对"价值观"的急需。

22　　对于教育的这一问题，我提出的解决方案是偶尔回归能使各种理性悖论得到化解的另一种学习模式，即一种不断提出问题的学习模式，在这种模式下，工具理性让位于包容智慧，理论概念让位于沉思性理论，封闭和批评让位于开放和建设。我把这种学习模式称为探询（inquiry）。

# 第一章 功利

## 教育功利的各个方面

有一个人开始跟着欧几里得学习几何，他刚学到第一个
几何原理的时候就问欧几里得："我学了这些玩意儿究竟能
得到什么？"欧几里得叫来了自己的助教说："既然他这么
急着想要从他刚刚学到的东西中获利，那就给他三分钱
好了。"

斯托拜乌斯

之前我提到过数学，并认为其中的代数能够为我们理解
事物提供新的视角和新的帮助。如果我提建议要大家学这些
学科的话，那么就像我曾经说过的那样，其目的并非让每个人
都成为一个十足的数学家或者一个高深的代数学家，但是我
仍然坚持认为，学一下数学，包括代数，是会给我们带来无穷
助益的，甚至有助于人的成长。

洛克，《理解的行为》

在历史上,数学曾经被认为是一门基本上可以通过学习来掌握的知识领域。在古希腊,如果有人被他人说是"数学的",那么从表面意思来说,其实是在说他是"一个专心投入学习的人"(*mathēma*,即 *learning*,学习)。因为上述这两段话①都涉及数学,所以我们从中可以清楚地看出关于学习的两个极端看法。传说中的欧几里得认为,数学就应该是纯粹为了兴趣而学习,或者至少不为世俗性用途而学习,否则无异于一种耻辱。柏拉图在其《理想国》一书中对这一观点提出了更为大胆的阐释:"对几何领域的探询……因此将引领我们大家的灵魂进一步靠近真理,并且产生一种能够让我们向上攀升的哲学倾向,而现在很显然我们大家都在争先恐后地往下沉沦,这绝对不是正确的方向。"(527b)换句话说,数学的真正目标就是用纯粹之物来填充人们的心灵,从而让心灵进一步靠近哲学。这一说法即便对于那些雄辩家来说都是千年不变的真理:"伟大的雄辩家高尔吉亚曾经说过,那些一头钻进数学公式堆里、完全忽视了哲学的家伙(*egkyklia mathēma*),就像珀涅罗珀的那些追求者那样,虽然心心念念的是珀涅罗珀,但最终只是

---

① John Locke,"Of the Conduct of the Understanding,"*Classics in Education* no. 31,Francis W. Garforth,ed.(1966),p. 53. 对教职员工进行常规培训这一概念,我会在第二章中专门对此讨论。这一概念更多地被人们理解为正式的训练(formal discipline)这一说法,参见 Walter B. Kolesnick,"John Locke and the Theory of Formal Discipline,"*Catholic Educational Review* 57,no. 3(March 1959):185,187。

关于欧几里得的这个故事,参见 Thomas L. Heath,ed.,*The Thirteen Books of Euclid's Elements*(New York:Dover Publications,1956),I,p. 3。据说欧几里得"更偏向于柏拉图,非常推崇该哲学学派的理论",见该书 p. 2,n. 1。

和她的女佣春风一度而已。"①

　　另一方面,洛克则将学习数学作为提升理解力的培训。他不断强调说,数学能够借由其本身极可能犯错的特征帮助我们大家更好地掌握理性推断的能力,更好地区分各种概念并且理解概念之间的相互关系,进而通过长期的辩论式的培训过程使这种能力获得实际运用,而不再只是停留在纸面上。对于他来说,对思维能力进行这样的打磨相当于是一种思维的体操训练课,能使思维更好地适用于这个世界。

　　我们的思维,像一个装满了物品的橱柜,不断地累积经验,不断地投入到各种活动中去,被安排或者被借用来从事各种精确设定好了边界的事情——这里我所使用的都是洛克式的术语(在关于理性的那一章中我会对此进行进一步的诠释)。用体操这个比方来诠释灵魂的打磨,显然是比较古老的常规说法②,而工具性的

---

① Hermann Diels, *Fragmente der Vorsokratiker* ( Berlin: Weidmannsche Verlagsbuchhandlung, 1954), II, p. 306, 27.

　　　卢梭很坦率地鼓励他的爱弥儿以一种实用主义的思维框架来学习科学知识,比如说天文学,并且要经常提出类似于"它究竟有什么好处"的问题,而欧几里得在他的故事中大加诟病的也恰恰是这一类问题。这样一种观念给了教育者一种秘而不宣的控制人的手段:"只要我们能够让我们的学生们掌握'功利'这个词究竟意味着什么,那么我们就可以对他有更强有力的把控了。"(bk. 3)

② 举例说,伊索克拉底在他的《演说词》中写道:"我们的先人早在我们之前就看到,艺术是因为对其他一些事物的关照而形成的,而不是针对我们人类的身体和心灵而设定的。因此,他们就设置了相互对应的原则留给我们后人:锻炼我们的身体的时候,部分会通过体育锻炼的方式,而锻炼我们的灵魂的时候,则部分会运用到哲学理论……其实这两种教育形式并没有太大的差异,都可以运用到相类似的教学方法、锻炼方法和其他一些原理中去。"

智力,和很多重要的现代观念一样,都能够追溯到斯多亚派理论。但是,"为了实用的目的来打磨我们的思维"这种特别吻合现代性的主流观念,作为一种简要的概括并不能说不够准确。有基于此,本章开头引用的两段文字,就其最高境界而言,所代表的是人们在考虑到教育中的功利问题时所坚持的两种不同观念,这两种观念大致上可以被归类界定为古代理念和现代理念的不同。在本章快结束时我还会回应这一段的讨论,而在这之前,请允许我先罗列一下功利主义思维框架在教育中的诸多现实呈现。

### 功利的概念

通常当我们说到"有用的"时候,指的是:某一事物的存在并不完全是为了它自身,而是为了其他的东西;该事物不是最终结果,而是中间环节;其所体现出来的特征被人们视为一种手段,与目的有显著区别。如果要了解清楚这种存在模式的意义,最好的办法是引用一个与有用完全对立的概念——其存在被认为是有价值的存在的那些人:"理性的存在就是那些被指定了的'人',因为他们的本性折射出他们自身就是目的,也就是说,他们本身是不能只作为手段的存在。"(康德,《道德形而上学基础》,sec. II)

25　　尽管一个人只有在十分严格的意义上才有可能被他人利用,但是一个物则完全可以落入到被百分百利用的地步,甚至作为一种资源被"彻底耗尽"。如果一物一开始就是基于特定的目的被当成一种中间介质来看待,那么它很显然就等同于一种工具或者一个媒介。所谓工具通常就是指通过它可以把事情完成或者守住(光从字面含义上来说就是如此,因为 tool 和 do 在语源学上存在着紧密的关系）。所谓媒介则是指通过它来表达意思。无论是工具还是媒介，都是有用性的典型体现，而有用性主要是隶属于工作的一种模式，隶属于处在这个世界、针对这个世界的有用行动。实际上，我们人类的大多数活动都是繁重的劳作，这些活动基本上都不是为做而做。在有形世界利用有形帮助的此类行动通常都是远距离的行动。举例说，世界上存在的工具性模式在人类感知和整个世界之间放置了一种设施，阻止感知和世界之间的直接对接，或者遮蔽了能够化远为近的周边环境。人类历史上最早的工具，也是当初最令世人瞠目结舌的工具，是望远镜，小型望远镜——借由一个管状物，光靠普通人的眼睛就可以将月亮"拉近到手边，好像它和我们地球之间的距离根本没有地球两个半径那么远"——就像伽利略在他的《星际信使》一书中用一种敬畏的心情所描摹的那样。可以与这类工具相提并论的则是作为第一个表达媒介的印刷机，不过，对这一媒介的运作最终却产生了相反的作用。借由印刷机（品），一个人的思想可以散布到全世界，这样他的想法就能够从他的口中被传递到他从未见过面的成千上万人的耳中。有人也许会据此断言，有用性就是适合延伸、适合空间的人类行动模式。

另一方面，有没有用的可能性则完全需要依赖是否存在明确的目的，也就是思想。一个理性的存在是为了让事物变得有用，执意或者希望让某些结果产生，这样的想法是很有必要的。成为一个手段最终就得为了一个目的而牺牲自我。当该目的没有适当地确立起来的时候——或者是全然错误的，或者被遗忘殆尽——就有必要对有用性的模式进行病理检测和分析了。

这一段对于大家耳熟能详的理解力的回顾，其用意只是希望能够点出与我当下这次探询有着直接关系的有用性的一部分：有用性主要是一种居间发挥作用的世俗模式，其根基是内心的愿望或者需求。在有用性这一范畴变成核心要素的地方，我们就会预期到如下一些侧重点：追求、计划、采购、生产、制造、发布、展示、展望——简而言之，就是自我努力和自我表达。这同样也是现代性的奠基者们有意识地规划的生活模式之一："我不遗余力地打好基础，不是为了某一宗派或者某种教义，而完全是为了整个人类的功利和权力。"（培根，《伟大的复兴》，前言）

　　当我们以认同或者赞赏的态度来看有用性这个概念的时候，我们可以用当下语言中与其最相关的术语来描述它：功利。例如，休谟就经常从正面角度来使用这个词。对于他来说，功利正是所有社会美德的主要源泉，所有这些美德最终都是能够给我们人类带来助益的，就像那些纯属个人的美德能够给我们带来愉悦一样。（《道德原则探究》，sec. II，pt. II）在古代，美德通常更多地被视为灵魂的一种状态，是存在或者决定性行动的平衡方式。（亚里士多德，《尼各马可伦理学》，II，1106b）但时至今日，美德却拥有了体现工具性的诸多模式。也因此，对于休谟来说，首要的美德就是仁慈，也就是通过满足他人需求或者欲望而对他人有所助益的一种愿望。那些最受人尊崇的现代美德，其覆盖范围总是很广泛的，是一种干预性的美德。也因此，杰斐逊曾经指责那些古代人，说他们在发展那些美德的同时教育我们要"以仁慈之心拥抱整个人类"（《致拉什》，1814 年 4 月 21 日），这样的做法其实是自欺欺人的。"自我之爱并不能算作道德"，因为"我认为我们与他人的关系才是构建道德的根基"。因此，"自然对于人来说是功利，是美德的标准

26

和检验"(《致劳》,1814 年 6 月 13 日)。应该说,不同的情境"具有不同的功利",美德是相对于情境而言的。更进一步,在由功利性来决定各种行动需要遵循的原则的地方,其终极目的总是"利益,优势,愉悦,良善或者幸福(所有这些,在当下这种情形下几乎都等同于同一件事)"(边沁,《道德与立法原理引论》,I,iii)这些因素的合并同类项。而一旦美德的衡量标准等同于世俗的有用性的时候,人就必须被动地接受这种世俗的恩惠,即愉悦。而愉悦因此也就等同于幸福了,因为幸福通常是用来描绘人类本身的目的的词语。①

这样一种对功利性的模棱两可的诠释,正是启蒙运动的主导思想。人类被视为一种互为工具的物种:每个人都具有双重性,既是自己的目的又是他人的工具。这种特征不仅适用于社会,同时也适用于整个自然:自然既是最客观冷静的研究对象,也是人类竭尽全力剥削(利用)的资源。(黑格尔,《精神现象学》,VI B ii b)而由于我们所处的这个国家是在西方启蒙运动思想的庇护和支持下建立起来的,这样一种社会和科学模式必然会在教育方面扮演一个决定性的角色。在本章中,我将详细地阐述一下功利这个概念究竟是如何一步步地渗透进美国的教育领域的。

**教育领域对功利的错误理解**

正是在教育领域的功利范畴内,生发出了它的对立概念——教育的非功利。(还有另外一个反面观点:有用的教育的反面是

---

① 同样可以参见西塞罗,《论责任》第二卷《利》,iii, 是完全基于斯多亚派巴内修斯(Panaetius)而写成的。

为己的教育，不以是否有用来加以定义。我会在本章结尾处针对这一类教育进行更深入的探讨。）但是，无用性还是存在的。在这里，我会先开始和大家一起探讨一下有关功利的一些常见的歪曲理解和错误认知，以及对教育的滥用。

首先需要探讨的也是其中最致命的一种理解是，将教育过程扭曲地理解为只是一种形式主义，只是获得进步的过程中赖以借助的工具，具体而言，就是认为教育的主要目的甚至唯一目的就是为了获得一张证书。以一种形式来认证违背人性所投入的努力和毅力，这样做并没有什么不妥。但是，愤世嫉俗地全然舍弃实质内容，只追求好分数或者文凭这些表面的光鲜，这种做法绝对是十足的变质，是不合格的老师在不合格的学生的纵容下导致的变质。很自然，只有那种糟糕的课题才适合这么对待，想要全身心地投入真正意义上的学习，按照这种方式是绝对不可能的。关于这样一种对学习的歪曲，确实能找到很多种解释，但是不可能找到推卸责任的借口。这是对教育的侮辱。任何一个学生，如果面临这种情况，态度只能有两种：要么愤然反抗，要么立即逃离。

第二点，也是最为常见的一点，是一种狭隘的功利主义思想，一种不成熟的职业教育思想。在这里，那些因为过于年轻而对自身了解不足，同时也因为所受教育过少而无法轻松自如地学习的人们不断受到鼓励，为了立竿见影的经济原因而去获得特定的技能。和前一点一样，这一点并不是美国教育特有的现象，只不过与其他地方相比，美国体现出更鲜明的讽刺意味而已。与世界上那些计划经济体以社会生产率名义迫使人们做出牺牲不同的是，在美国，迫使人们去接受教育的名义是个人可以获利。这样一种态度从下列这段文字中可见一斑：

> 当今时代，身处在教育领域的我们必须意识到，为我们的学生提供为市场所需要的技能，这是我们的义务……将那些脑子里装满了亚里士多德、弗洛伊德和海明威的年轻男女送到当今世界中去，无异于将一头羊送入了狮子的巢穴……但是，如果我们能够让这些年轻男女掌握一项有用的技能，我们就不仅仅赋予了他们一个获取美好生活的手段，同时还为他们创造了机会，使得他们能做出对整个社会有益的具有建设性的事情。
>
> 贝尔（时任美国教育部长），1974 年

这样一个计划事实上等同于将年轻人置于一种从属性地位，本质上是一种冗余，因为"当今世界"以及其所处的经济状况恰恰是最不应该用来判定如何做准备的考量因素。以这种方式获得培训的人们必然会被固守在与他们自身兴趣完全相悖的职业生涯中，等到面临"明日世界"的时候甚至可能连所谓经济上的优势都将荡然无存。更进一步的是，那些缺乏真正优质的基础训练的人在学校里必须勤勤恳恳地学习，而且还需要学很长一段时间，其中受到更好教育的学生通常是靠自己的才能更快地获取各种知识的。在这方面，计算机语言的学习就可以被视为一个由经验累积来决定学习结果的主要实例，这种技能不是光靠某个人封闭式的短期准备就能学好的。按照同样的推论，那种所谓"职能化的识字率"概念，即为了世俗性的目的来教年轻人学习阅读的做法，在我

看来违背了正确的原则,最终也不可能获得预期的结果。

上述情况的最大问题是,接受这类培训的人们所经历的缺憾通常不会马上显现,一般要到他们的中年时期才会爆发。除此之外,人们通常会认为年轻人会比他们的父辈活得更长——这样一来,对于这些年轻人来说,等到他们意识到自己人生欠缺了什么的时候,已经是垂暮之年了。那么,为什么我们不能让他们尚在年轻时就意识到问题所在呢?

最后,对于经过启蒙意识到的功利还存在着另外一种错误理解,即这样一种观念:教育必须要让人明白,被教育者的首要任务就是对他人有用,就是成为改进社会的人。① 对于这样一个问题,学生们自己有时候会展示出某种可疑的天真。他们当中总有一些人进大学是希望学习如何"影响其他人的人生",如何"解决社会问题",如何"改变世界",而且他们在宣称这些目标时信心满满,认为实现这些目标既有必要性又有可行性:

> 当我想起,凡是人总想做事,做事的欲望在不断刺激着欧洲无数百无聊赖的青年,这时我也就开始猜想,他们必定也有

---

① 我一直认为用教育机构来训练学生,使之学会解决社会问题的方法,这首先就被视为一个全国性的目标(和教育学家们的想法其实还是有一定差异的),这一点可参见 1947 年的 *Report of the President's Commission on Higher Education* (*Higher Education for Democracy*, Washington, D. C.: U. S. Government Printing Office, 1947), vol. I, ch. I, "Toward the Solution of Social Problems," p. 20. 关于更早时期为了社会性目标而利用初级学校的情况,参见 John D. Pulliam, *History of Education in America* (Columbus: Charles E. Merrill Publishing Company, 1976), pp. 157-159。

一种受苦的欲望吧。这样他们便能从痛苦中找到行动的某种动机了,尽管这动机颇成疑问。痛苦是必不可少的! 于是就有了政客的呐喊,就有了各阶层人士各种虚伪,臆造和夸大其词的"痛苦状态",也就有了欣然相信这些东西的盲目性。欧洲青年希冀遭受到外来的不幸而不要幸福,而且这不幸要让大家看见才好。他们的想象力事先颇为忙碌,把不幸想象成妖怪,然后再想象同这些妖怪搏斗。①

尼采,《快乐的科学》,I,56

　　这种自我实现需求的隐晦形式最终一定会以失败告终,而其背后的原因在我看来有其所预先阻止的因素,也有事先假定的因素。对于大学学生来说,在面临一些严重问题,潜在的不满已经变成痼疾,并且眼看就要爆发灾祸的时候,其所抱持的不成熟的意见未必比小孩子更加明智。众所周知,后者所受的家教越稳定、越快乐,就越擅长应对各种麻烦情况。这一点对于学生来说也同样适用:如果他们能够接触到其所在的文明的好的方面,能够有时间接受素质教育,能够"了解到世界上已经被他人思考过并表达出来的最大的善"(就像马修·阿诺德所说过的那样),那么他们就可以以一种更可靠的方式直面各种挑战,甚至能够预设并构建这些挑战。亚里士多德曾经针对教育事业做过一个最重要的区分。在教育中,哪些属于对真理和目的的深入思考,哪些属于对方法和手段的有效分析,亚里士多德做了明确的区分。(《尼各马可伦理学》,

———————

① 引用自黄明嘉译本。

III,1112)我的看法是,只有前者才是最契合教育的内容,不仅如此,它还能将我们引领向一个不那么漫无目的的现实性,因为所有这些雄心壮志——影响他人、解决问题、改变世界——都需要认认真真地考虑和规划必要性(是否值得向往)问题。没有什么比基于急迫的社会和个人问题来设置课程(比如有人最近刚提出的"生存培训课")更愚蠢的事情了。相反,在我看来,真正的教育更可能帮助人们为在世界上推动一种行动而做好准备,当然,前提条件是教育要像奥登的诗作中的布克斯特伍德·帕萨卡利亚所做到的:

30

> 我们的思想就是市民发出的声音
>
> 除了阿谀奉承发不出别的声音
>
> 艺术已经是个既成事实,
>
> 而从我们的心情和智力中,
>
> 从我们理想的秩序中生成出
>
> 我们各自内在的理解
>
> 《新年书信》,pt. I

　　让学生们承担起整个世界的重任,这样的做法最终不仅无效而且危害巨大。除此之外,还潜藏着另一种危险,那就是,这是在鼓励他们不断放大他们自虐的天性,尤其是在美国这样的社会环境下,无限制扩大的自我批评已经如同传染病一样流行于整个社会:"时至今日,所有这些令人绝望的自我冒犯、自我嘲弄,最终将会引领人们进入一种所谓的愉悦,这样的愉悦经常会登峰造极,变

成骄奢淫逸。先生们，请你们花点时间听一下我的恳求吧，请抓住
那个第一次经过你身边的稍瞬即逝的机会，听一听 19 世纪那些因
为牙痛而辗转反侧的文明人的哀号吧。"(陀思妥耶夫斯基，《地下
室手记》，I，iv)那些所谓的"社会问题"究其本质而言不过就是 20
世纪的牙痛而已。

　　通常人们会假定，进入学校是为了学习解决人类面临的问题
的办法。在持这种观点的人看来，人类所面临的所有事务就像代
数问题一样，是可以精确地加以解答和处理的，它们能够基于哪些
是可知的、哪些是不可知的来进行清晰的界定，或许通过采用合适
的技术还能被预先设想到或者最终加以解决。这样的观念在一些
学术界人士的不断鼓动下逐渐发展成了一种坚定的信念。这些人
士当中不乏与其同事并无二致的纯粹的理论家，他们总是想以令
人无法抗拒的迫切性来要求和对待学生。正如我将在后文关于传
统的一章中讨论到的那样，只是提出这样一个问题就需要一个巨
大的理性决断：学生需要首先建立一个全面的知识和思想基础，
从而在面对为实际应用而构建的各种类型的理论时保持某种至关
重要的独立性。

### 教育的非功利性

　　确实有很多类型的学习是全然无用的，这么说并没有贬损的
意思，或者说即便有这种意思也很轻微。在一个功利决定一切的
世界上，这种无用的学习往往存在于危险之中，与功利针锋相对。

　　在这些类型的学习中，其中之一就是纯粹的人文学术研究。
它很自然地会受到有用性的观念的影响——这是一种需要经过严

31

格训练、依靠多年积累的集体性事业,该事业之所以能够整合起来,是因为参与其中的每一个学者都履行其专业职责,对同行的学术观点做到了如指掌,各自表达的意见形成一张可以相互参考的学问之网。这种学术研究是不断进步的,这样说至少有以下依据作为支撑:某些观点会被取代、被全然抛在脑后,而且,最重要的是,这种研究"富有成果"是天经地义的要求。另一方面,除了某些时候某些项目因为偶然的原因而不得不服务于具体的目标之外,这类研究本身完全可以自豪地声称自己并不"为五斗米折腰"。我们之所以会选择这样一些高度专业化的研究领域,完全是因为这些领域尚未被他人发掘,或者是因为这些领域对于这些纯粹的学者来说具有巨大的学术吸引力。但是,他们并不指望这样的学术研究的结果体现出鲜明的人文色彩,或者主动地去迎合当下世界的需求,唯一的例外是在小团体内部,在关注同样问题的学术社群内,有可能有上述想法。这种研究所针对的问题被培根称为迂回(蠕虫)式问题,对这类问题的探究活动往往是经年累月、相互交织的,但并不是为了某种特定的目的而进行的,这种活动其实就是学术世界的团体生活方式本身。

有一种更具世俗性同时也更闲逸的学习就是所谓的绅士(君子)教育,其初衷既不是为了学术研究也不是为了培养职业技能。时至今日,这样一种教育类型在实际生活中已不再是人们能够真正接受的类型了(当然,它其实一直没有彻底消亡,不过是披上了一些伪装,变得更隐晦一些罢了),它一方面被归属于学术研究,另一方面被人诟病为推广精英教育而不得不废除。这种"绅士教育"有些时候被人们等同于自由教育,这源于两种看法:一种看法认为自由教育只具有单纯的装饰作用,本质上是为了有闲阶级设的;一种看法认为绅士是世界上所有人或者一批特定的人特别渴望成为的楷模。[①] 在杰斐逊生活的年代,自由教育仍被视为上述第二种看法所认为的绅士教育,这种教育是为那些将来担任公职的人提供实用性准备的。但是,在19世纪的发展过程中,人们对实用和自由这一组对立概念越来越习以为常了。其背后的驱动因素是与功利领域的区隔,也就是有用和装饰性之间的差别。这种差别引发了启蒙运动时期所有谈到教育话题的作者的关注。下文就是一段非常典型的说法:"至于提到他们的教育,如果他们能够被传授的每一点知识都不仅仅是有用的,而且还很值得炫耀,极具装饰意味,那当然是极好的。但是千万别忘了,艺术是如此漫长,而他们的时间却如此短暂。基于此,我们真正应该倡导的是让大家学习那些可能是最有用同时也最具装饰性的知识。"(富兰克林,《关于青年教育的提案》)

这样来说,装饰性学习是没有实际用处的,装饰性的学习之于有用的东西就好比早期的发动机底座上雕饰的那些卷曲花体之于发动机,这种强制性的装饰背后压根就找不到什么合理的解释。装饰性的学习绝大多数是和语言息息相关的——培根说学习的好

32

---

[①] 举例说,在Newman的 *The Idea of a University*, Discourse VIII, 10中,只要有人能够"从不给他人施加痛苦",那么他就可以被称为一个绅士。参见 Leo Strauss, "Liberal Education and Mass Democracy," in *Higher Education and Modern Democracy*, Robert A. Goldwin, ed. (Chicago: Rand McNally and Company, 1967), pp. 73-96,在这本著作中,所谓绅士就是指能够拥有充足的闲暇时间、身心都相对自由的那些人,他们所需要的是承担起管理他人的社会职责。

处在于"要么有助于人们因为沉思而感到愉悦,要么在言谈时起到装饰作用,或者是在做生意时发挥作用"。(《论学习》,拉丁文版)具体而言,古典语言的学习,曾经是每个人都必须接受的至关重要的教育,到了 18 世纪,越来越被当时的人们视为只能起到纯粹的装饰性作用而已。洛克清晰地向人们展示了时风转变的过程:那些字斟句酌的希腊文和拉丁文通常是为了那些想要"在有知识的圈子中争取一席之地"的家伙们准备的。拉丁文对于"要成为真正的绅士绝对是必不可少的",但那也不过是掌握了用于口头对话的拉丁文而已,也就是说,"他完全可以不用潜心研究这种语言的语法就可以掌握这一方面的知识"——洛克这么说的时候,脑子里想到的是那些城市生活中的一些混杂语言。(《教育漫话》,164、168)随着整个社会在交流信息时开始习惯于采用现代语言作为媒介,产生了这样一种后果,那就是,掌握拉丁文必然会变得毫无必要,甚至按照纽曼的说法,拉丁语是"以优雅的方式表现出来的弱智行为"。而一旦这样的情形变得越来越普遍,那些苦心投入学习这种古典语言的漫长岁月也就变成了一种炫耀性消费,一种特权阶层的标签。到了 19 世纪,针对古典学习课程或明或暗的对抗行动开始以推广民主思潮和教育应该注重功用的名义如火如荼地开展起来[1],这样

---

[1] 举例说,Francis Wayland 和 Jonathan Baldwin Turner 的 *The Colleges and the Public* 以及 Herbert Spencer 的 *Education*:*Intellectual*,*Moral*,*and Physical*(1860)都是在美国颇为知名的著作,通过将装饰性特征诠释为一种对社会有用的似是而非的表现形式,来将教育的功利化特征变得更完整。参见 *Herbert Spencer on Education*,*Classics in Education* no. 30,Andreas M. Kazamias,ed.,p. 122。

的抗争最早是由我们美国早期的一些作者致力于推动的,其中最
值得一提的就是诺亚·韦伯斯特,正是在他的影响下,所有的人文
教育才背上了"不过是在培养所谓绅士阶层"这样的恶名:"事实
上,在我看来,如今大家所提到的人文教育是完全不可能培养出商
业人才的。"①如果任由这种状况继续下去的话,最终造成的后果
就是"'文化'课题和'功利'课题并存在一个非有机的混合体中,前
者的核心目的并不是培养可以服务于社会的人才,而后者也并不
能完全做到培养人们天马行空的想象力或者深邃的思考力……最
终,这样一个杂糅体所造成的结果,与各自坚持其纯粹原则所产生
的结果相比,会令人大失所望的"(杜威,《民主与教育》,ch. 19)。
我认为,这体现了对美国生活(后面还会对此有界定)的深层而又
长久的要求,也就是说,这样一种杂糅了很多东西的混合物,一如
其本身素质之低劣,还显得根深蒂固、难以铲除——最终功利性原
则"在其纯粹性方面"绝不会占据上风。

　　在这里,我需要特别提到的是,装饰性学习的核心内容是所谓
的女性才艺——音乐、绘画、舞蹈和掌握某类乐器。拉什在其特别
写就的以美国女性教育为主题的论文中基于功利主义的理由公开
谴责过此现象,韦伯斯特对此也深表认同:"没有哪个男人娶一个
女人,是冲着她是否会表演竖琴或者随着小步舞曲音乐翩翩起舞

33

---

① Frederick Rudolph, ed. , *Essays on Education in the Early Republic : Benjamin Rush , Noah Webster , Robert Coram , Simeon Doggett , Samuel Harrison Smith , Amable-Louis-Rose de Lafitte du Courteil , Samuel Knox ,* (Cambridge: Harvard University Press, 1965), p. 56.

时的曼妙身姿。"①但是,杰斐逊则指出"这个国家的口味也同样是在更强烈地呼吁女性应该比其他人更好地掌握这些技能",而且他还竭力推荐女性花时间去学习这些技能,因为它们和"其他那些装饰性技能……生活中的消遣娱乐活动"相比蕴藏着无可比拟的价值——然而,对他这样一个激情洋溢的音乐家来说,这样的推荐是多么苍白无力啊!②(《致博威尔》,1818 年 3 月 14 日)

实际上,音乐置于功利性的情境下来看的话,其装饰性角色对所有教育来说都至关重大,就这一点而言诗歌也一样。洛克本人却一如既往地坦率直白,他对这两者都持有一种公开谴责的态度。在提到诗歌时,他说:"我认为家长们应该多花点力气,尽可能阻止或者管控好自己的孩子,别让他们接触诗歌。而且我很明白,任何一个理性的父亲,都不会愿意自己的孩子成为一个诗人。"(《教育漫话》,174)③福代斯则一针见血地指出了在现代教学中童话和志

---

① Rush, "Thoughts upon Female Education, Accommodated to the Present State of Society, Manners, and Government in the United States of America," Rudolph, ed., *Essays on Education*, p. 33; Webster, p. 71.

② 在革命爆发前夕,杰斐逊每天至少会花三个小时来练习小提琴,参见 Helen Cripe, *Jefferson and Music* (Charlottesville: University Press of Virginia, 1974), p. 6. 音乐的地位在教育领域内逐步衰落,应该是和人们对心灵和音乐理论的双重否定密切相关的,因为他们觉得音乐会影响到人们的道德情操,这方面的例子可以参见 Eduard Hanslick, *Vom Musikalisch-Schoenen*, *Ein Beitrag zur Revision der Aesthetik der Tonkunst* (Wiesbaden: Breitkopf und Haertel, 1966; first published in 1854), pp. 125 ff. 。

③ *Some Thoughts Concerning Education* 是洛克著作的主要组成部分,参见 James L. Axtell, ed., *The Educational Writings of John Locke* (Cambridge: The University Press, 1968), pp. 109 – 325。

怪故事彻底被抛弃的最核心原因——归根结底,可供我们人类掌
控的时间太少了:"所有的真相就像横亘在我们面前的一堆堆珍珠
一样,必须赶紧清理掉。"(《对话录》,I,xi)在谈到音乐的时候,洛克
说:"我几乎很少听说过那些从事生产和商业的人会推荐他人把时
间花在学习音乐上,而且他们也不会因为他人精通音乐而表达出
尊重之意,这种技能并不在人类的成就清单上,我认为它只能排在
倒数第一位。"(《教育漫话》,197)

　　我在上文引用这些前人的说法,是为了能够将音乐在现代教
育领域中所处的卑微地位和古代作者给音乐赋予的重要角色进行
对比,后者认为音乐在人格形成过程中发挥着最关键的作用。柏
拉图的《法律篇》第二卷整篇,加上亚里士多德的《政治学》最后一
些现存的章节,都是在深入地阐述如何在政治教育中更好地使用
音乐这一工具:"音乐能够让我们人类的灵魂拥有一套确然的道德
谱系,而且如果它确实能够承担起这一使命的话,那么很显然我们
的年轻人必须接受音乐方面的熏陶,并且扎扎实实地学好这一技
能。"(《政治学》,VIII,1340b)具体而言,音乐拥有一种能够让孩童 　34
感到愉悦的力量,同时也能够让他们在不得不遵从一些规则时感
受到内心的苦痛,从而能够以一种受压迫感最低的方式做到与政
体和谐一致。(《法律篇》,659d)诚然,对于弥尔顿而言,这种力量
依然存在,历久弥新。对于男孩子来说,在"摔跤"之余,音乐所能
扮演的角色如下:

　　　　时不时地,他们还是有一些间歇可以不用大汗淋漓
　　的……机会因为亲耳聆听音乐,或者让自己饱受摧残的心灵

享受到并且沉浸入音乐本身蕴含着的庄严感以及神圣的和谐感而有所获益，并感到身心愉悦。他们亲耳听到的，也许是那个技巧娴熟的风琴手在演奏赋格曲的时候发出的肃穆庄严而又令人遐想无比的高音，又或者是一场完整的交响乐，演奏的是一些要求奇高的作曲家，以超越所有人想象能力的妙笔生花的精妙作曲技能和天赐一般的优雅风调所精心写就的和弦乐曲。……如果在我们所处的这个世界，那些睿智之人以及先知们尚未彻底灭绝，那么他们必然会在个人性情和仪态上拥有一种超然的能力，彻底抚平世间丑陋的褶皱，不会让这些青年受到那些粗鄙无比的劣质事物和脱缰了的激情的影响，变得更平和、更高贵。

*《论教育》*

但是，如果要充分理解音乐作为政治家的工具，那么我们就很有必要追溯到古代时期。音乐的不断贬值也体现出现代教育在培养公民情操方面有多么举步维艰。

## 有用的教育

接下来我会聚焦于教育中真正意义上的功利性。可以从三个层面来看待这个问题：为了未来进一步学习而进行的学习，主要被视为只让自身从中受益的教育，让人更好地服务于他人的教育。这三个方面各有其独特的复杂性。

### 辅助性学习

几乎所有类型的学习都是有助于进一步的学习的，其中有些学习除了这个理由之外似乎也找不出其他相对应的理由——举例说，在学习外语时迟早会融入记忆的词语形态变化表，还有代数的运算规则。一个优秀教师的一个很重要的标志就是他/她能够激发学生的内在兴趣，哪怕是在面对诸如此类工具性的知识的时候，仍然能够让目的彰显手段，甚至在最佳状态下，能够展示某种技巧一旦应用于解决某个问题，将如何改变该问题的性质。比如，那些看上去极为枯燥的代数运算事实上对于人类对数字的天然理解能力进行了截然相反的重新解释，类似的重大知识革命的意义甚至可以有效地传递给初学者。又因为学习可以服务于更高层次的学习，因此那些深奥的理论就可以服务于实际应用，或者作为一种技巧交叉进入其他学科。学习的世界本身就是一个各种功用交织而成的网络。

对于几乎所有的学习而言，因为这种潜在的工具性特征而生发出来的亘古不变的巨大挑战就在于，它确实玷污了使学习得以完成的精神。世上没有哪个科目能够像数学那样，内在地具有那么强的工具性；也没有哪个领域能够像数学那样，有力的功效性和无趣的实操性相反相成，因此导致美感被盲目的效率剥夺殆尽：

> 符号式的（例如代数）方法本身所经历的数学过程就像是在一条一个隧道连着一个隧道的漫漫大山中的铁轨上穿行；而那些表象性特征鲜明的方法（例如图表），其过程则更像是徒步穿过大山。前者把我们送达目的地，距离短，穿行易，但

35

> 难免经历一团瘴气、一片漆黑和一阵麻痹；而后者则迫使我们
> 不得不花更长的时间，克服更多的麻烦，但与此同时却能够让
> 我们每转一个弯都能领略地之广阔、天之高远。[①]
>
> 　　　　　　　　　　　　　　　　　威廉·汉密尔顿爵士

工具性学习脱离不了一种悖论——强力感破坏愉悦感——这是现代教学方法必然会面临的一个极其严峻的问题，若是想要彻底解决这一问题，我认为，只可能有一种方案，那就是经常性地回顾这类学习的思想前提。这种类型的学习对于美国所造成的危害在于，如果任由其肆意发展，不断壮大，那么会造成这样一种后果：越来越少的人愿意选择投入到这类学习中去，因为它变得越来越复杂了，学会的难度也变得越来越高了。在用代表着所谓现代性的数学科学来取代语言学习的过程中，科学之所得并非语言之所失——（语言曾经获得过的）整个教育界的全力支持。这一事实令人唏嘘。

### 个人功利性

从我们这个国家肇始之初，大家就一直期待教育能提供坦诚而冷静的有用培训。早期的美国学院的章程通常会将"有用"和"有名"作为其致力于达成的教育目标。那些早期的教育学著作的作者，就像他们所追随的洛克派哲学理念一样，总是自发地异口同

36

---

① George Elder Davie, *The Democratic Intellect：Scotland and Her Universities in the Nineteenth Century* (Edinburgh：University Press，1964)，p. 155.

声地推崇教育的功利性作用，即便这样的观念似乎和自由教育格格不入。建国一个世纪之后，同样的努力开始聚焦于"将功利性设定为我们的教育制度的目标，将此目标放在一个体现文化尊严的地位上，将教育与人生结合起来，使前者的宗旨更明确、用途更清晰"(《关于国民和职业教育委员会报告》，1914 年)①。时间又过去了半个多世纪之后，大家始终还能听到这样的呼吁。(在本次探询过程中，我会不时地试图为那些坚守教育不该一味地聚焦于其功利性目的的理念进行辩护，这种理念面对的是教育必须有用这样根深蒂固的要求，体现出的是非凡的"韧的战斗"。)

　　功利性教育本身就存在着两重性倾向，这种倾向隐藏在这样一句模棱两可的表述之中："一个有用、有效率的社会成员。"在我看来，这种说法通常意味着，如果一个人能够基于自身的考量而表现良好，那么这样的结果也是在帮助他人。至少在我们所处的这个国家，这样的观点还是占据了主流的，大家一致认为公共领域可以通过我们每个人的个人成功而得到助益和提升。在其他类型的社会中，功利性并不存在类似的双重性："党把培养整个社会的每个成员以共产主义态度来对待工作这一点置于教育的核心位置。为了全社会的福利而努力工作，是我们每个人最神圣的职责。"(《苏维埃共产党章程》)②正是因为美国秉持了个人和公共利益通

---

① *American Education and Vocationalism*：*A Documentary History 1870 −1970*，*Classics in Education* no. 48，Marvin Lazerson and W. Norton Grubb，eds. (1974)，p. 127.

② Wilhelm Goerdt，ed.，*Die Sowjetphilosophie*，*Wendigkeit und Betimmtheit*，*Dokumente* (Darmstadt：Wissenschaftliche Buchgesellschaft，1967)，p. 301.

常是协调一致这种观念，一些特殊的教育悖论也就很自然地产生了。

功利主义的学校教育经常会直言不讳地声称一个唯一的目标，那就是谋生、赚钱，即制造生活的手段。从柏拉图（《理想国》，I，346）到马克思（"异化劳动"），历代哲人都曾经尖锐地揭示过这样一种目的所内含着的乖谬之处①。很显然，没有哪种手工艺的核心和本质（除了投资之外）是赚钱，同样明确的是，劳动如果"仅仅是作为满足自身之外的需求的手段"的话，就是对人本身的贬损和屈辱。但是，随着事情的发展，父母们很自然地会为自己的后代的生计（而后代自己，倘若是尚处于白纸一张的阶段，则通常会对这一话题抱持一种让他们自己觉得骄傲的漠然态度）而担忧。因此，教育机构必须承担起一种义务，那就是，不仅仅要考虑到长辈们的这种担忧之情，而且还需要对其所开发的教育课程究竟是否能够帮助学生们维持生计这一点有一个清晰的判断——无论课程和生计之间的关系是直接的还是间接的还是根本不存在的。更关键的是，对于省思性的探询这一教育方式是否存在经济用处，即便古代人也总是会流露出深切的疑虑，这一点可以参看以历史上第一个自然哲学家泰勒斯为主人公的故事。泰勒斯曾经因为身为哲学家却穷困潦倒而被人嘲笑，但他借由自己掌握的物理学知识，通过推导预测出来年橄榄将大丰收，就以极低的价格买下了当地所有的榨油机，最终赚得盆满钵满，这可以算得上是智慧在实际生活

① Karl Marx, *The Economic and Philosophic Manuscripts of 1844*, Dirk J. Struik., ed. (New York: International Publishers, 1964), p. 164.

中获得运用的最佳案例了（亚里士多德，《政治学》，I，1259a）。就这个故事，我的大多数研究同行曾经提供过一个更新了的、听起来像天方夜谭一样的版本，但在我看来，他们最好的做法应该是直言不讳地指出，真正的教育和赚钱之间的关系是十分微弱的，这样说并没有一丁点贬损教育的意思。

个人功利名义下的下一个重点，至少在这个国家，是能力的体现，也就是说职业培训或者说是专业培训："如果教育是进入生活的前期准备的话，而且如果从实际角度来看，每个人的生活和获得自我表达与自我实现的机会都离不开工作的话，那么这就意味着只有那些能够成功地就了业的人才能被视为是成功地受了教育……文化和职业本身就是人性中不可切分、浑然一体的组成部分。"（职业教育咨询委员会，1968 年）①通过激发人们对从事某种事业、某种职业（这个术语不是偶然地取自宗教生活）的热望来培训每个人的自我实现能力，这样的学习在美国受到大多数人最完全的首肯。这样的培训和学习被视为一种受人欢迎的民主化影响，为各种类型的功利界定范围，并通过降低通识教育的书呆子气来对其施加健康的影响。（国家教育援助委员会，1914 年）②包括学者——他们本身说到底也是产品和服务的消费者——在内的几乎每一个人，都一致认同这样的观点：任何一种能够提升大家能力的培训手段都应该得到大力支持，并享有体面地位，当然前提是手工培训的机构化倾向并不会最终抑制美国人继续保持独有的万

---

① *American Education and Vocationalism*，p. 164.

② Ibid.，p. 164（Council），pp. 124 - 26（Commission）.

事通的学习风格,正是这种美国式的博而不精的学习习惯使得这个国家的绝大多数公民越来越靠近马克思所定义的后革命时代的人,能够"日出捕猎,日落垂钓,暮霭时分喂喂耕牛,晚餐之后评论一下时政……而且并不需要变成真正的猎手、渔夫、牧民或评论家"(《德意志意识形态》,《费尔巴哈》1a)。这种情形唯一可能面临的挑战是,那些教育学者多年来始终试图说服大家接受如下观点:自由教育与职业培训两者事实上是互换的。不可否认的一点是,这两者就其本源而言确实并不是水火不容的——但是它们也绝对不可能做到相伴相生,就像我在本章最后一个部分"对终极目标的追求"中会指出的那样,我认为如果能对两者的边界做出明确的限定,它们各自就都能取得更好的发展。①

至于说到个人教育的功利性的终极表现形式,我会列出自我塑造的所有类型:技能的获取与打磨,以及品味和判断力的培养。对此,我脑子里能想到的是德语中的 *Bildung*(教养)这个词,它是一种自我塑造,是奖赏各门艺术和判断各种力量的能力提升,尤其是关乎人类事务的艺术和力量。这一切尽管是人们获得快乐和安全感的一种手段,但是,通常而言,其本身并非一个令人非常愉悦的过程,因此被视为带有功利性的。有基于此,我们可以找到这样

---

① 从维布伦的《美国高等教育》第七章中,我们可以找到针对职业教育理论的猛烈抨击。他在书中指出,这种致命的选课制度在很大程度上需要为实用主义理论对高等教育机构的不断侵蚀负责任:职业教育选择机制最终挤掉了传统的学术研究课程。为了知识本身的意义,他希望能够保护好这种学术性的知识,这一点我会在"教育的非功利性"部分加以阐述。在我看来,这一点与我在之后试图辩护的自由教育之间还是存在着一定差异的。

两种观点：首先是威廉·詹姆斯对高等教育的定义，即"能够让我们在看人时一眼就看出他确实是一个好人"；其次是一个英国小说家所给出的反面例子："鄙视她就是接受过自由教育的标志。"①

## 社会教育

在美国早期，有关公民教育的问题，也就是杰斐逊在他的《知识传播法案》中提到的要培养年轻人成为"服务公众的有用之才"的建议，最终发展成为美国教育的至高无上的目标。毋庸置疑的一点是，这一问题所涉及的各种职责随着时间的推移也一直在不断演变：从培育政治责任到催生需要寻求社会正义的情感，从坚守对自由的激情到引发人们内心深处对权利平等的感知，从为公共事务做合适的规划和准备到关注教育不公平现象的消除。在这里我想指出的是，尽管这些职责有所改变，但是关于美国教育的一些最根本性的预设和如影随形的窘境一直都没变，而对照当下的看法，那些建国之父们的观点倒反而别具新意。

在一一展示这些观点之前，我希望就上述教育宗旨和最终实现结果之间的关系发表一下我自己的想法。这两者之间的关系很自然地会因为处于不同的政体而呈现出不同的特征。为了更好地组织我的观点，请允许我借用一些非常极端的实例。

一方面，政体通常是基于一定的思想观念、基于柏拉图在《理

---

① William James, "The Social Value of the College Bred," *In Pursuit of Awareness*; *The College Student in the Modern World* (New York: Appleton-Century-Crofts, 1967), p. 41; Angela Thirkell, *The Duke's Daughter*, ch. 10.

想国》(IX,592b)中所说的"在天国创设"的模式来构建的。政体本身并不能被算作一个致力于最终实现的计划,而更像是一种对哲学理论和政治实践两者之间关系的探询。苏格拉底为了政体的守护者们而特地对自然的人类关系进行了激进的修订:为了形成一个完美统一的悲欢共同体,所有特殊化的血缘和性关系都必须摈弃,从而让婚姻伴侣和孩子得以公社化(V,462);对政体的守护完全掌控在这样一些人手里,他们通过了预设为可行的测试,被判定为在本性上契合政体创立者所设置的教育体系(VII);余下的公民在其生活中则无须遵循任何特定的准则。这种培养治理者的教育的主要特征是其对政治领域的出离而非进入。这是一种纯粹哲学意义上的教育,激发其参与者培养一种超政治智慧,一种整体存在观,"善"。哲学王的特征会通过其职位凸显出来——靠实践智慧而不是政治理论来协调哲学沉思和实际政治之间的差异。政治群体不可避免的堕落则完全应该归咎于非理性的培养过程——教育体系本身并无过错。

　　而与这种情形截然不同的对立面是付诸实现的现代极权国家。我所说的极权国家是这样的:其国民生活没有任何一个方面能够逃脱主流意识形态的掌控。所谓意识形态指的是一种理性的理论,只不过该理论已经不再处于探询状态,它更像是一种被普遍接受了的说教,期待每个人的行为和意见都能够与之保持一致,这样一种理论的"目的是要改造世界,而不是解释世界"。

　　在这种情形下,最初发动的革命的首要目标不是人类关系的隐私性而是经济制度的自发性。守护革命的力量不是掌握在哲学方式的追随者手中,而是掌握在政党的成员手中。针对社会成员

进行的培训完全是通过占据主导地位的意识形态来实现的,这种
意识形态是一种"科学"而实用的社会理论。实践证明,理论原则
和实际操作之间的落差是很大的。而能够解释这种落差的理由也
是多种多样的:意识形态方面的党派主义、官僚主义导致的低效、
无法根除的传统残余、任何一个稳定社会都必须不断强化的实用
主义,最关键还有那个无法跨越无法否认的事实,即当下教育制度
所传授的实际知识仍然是源自旧的知识传统,一时难以与现实中
的意识形态相融。

美国的教育存在着多重极端的对立:理想与现实、哲学理念
与意识形态、社群与依从、家庭和经济制度。也因此,在被问及"什
么样的公民教育才能与我们的政体匹配"这个问题的时候,其答案
在一定程度上可以从其他政体那里得以体现显现,而在美国却充
满了各种对立:传统—革命、学校—生活、私立教育—公立教育、
优秀—平等、公民—政治家和公民—哲学家。接下来,我会根据早
期美国对于教育和社会实用性之间关系的各种看法来考量上述这
些对立关系。

传统与革命相对。我首先引用的是杰斐逊的《知识传播法案》
(1779 年)的序言的第一部分,这一法案从未被立法机构采纳,为
此他一直耿耿于怀。

尽管某些形式的政府能够比另外类型的政府更好地保护
个人,使之更自由地行使其自然权利,同时还能促使政府自身
更好地防范腐化堕落,但是经验表明,即便是在最佳形式的政
府的治理之下,那些被授予了权力的人,也会随着时间的推

移，慢慢地把权力转变成暴政。大家也都相信，能够避免这种情况发生的最有效手段就是尽可能地以一种更实用的手段来提升广大民众的思维能力，具体而言，就是尽可能地让他们获得与事实相关的知识。这一点，已经被历史上其他时代和国家的人们所经历过的一切证明为行之有效。在这种情况下，我们的广大民众就可以真实地了解形态各异的暴政，并且迅速地行动起来，发挥其自然力量，抵御并战胜暴政想要达成的目的。也因此，有一点基本上是真实的，那就是，当一个社会有的法律是最好的法律，而且得到最好的执行，也就是说，法律的制定者和制定过程都充满智慧，法律的执行者和执行过程都正大光明的时候，那么这个社会的民众的幸福感就会达到顶点……

41      这一段后面就是关于公共教育的全面的体系，其中既包括教育机构也包括课程设置。这一序言则是关于教育目标的精彩论述。在革命进行到如火如荼的时刻，这篇序言断言，即便是最好的政府，按计划即将建立的这个国家，也必然会陷入堕落的怪圈，而教育的最至高无上的使命就应该是激发广大民众的热情，随时随地采取行动，抵御并击溃政治的野心，也就是让所有人都随时准备着投入下一次革命。更进一步的是，该序言宣称，即便是法治政府归根结底也是人治政府，这样的政府在塑造公民这一问题上也会忽视法律的力量。这确实可以称得上是彻头彻尾的杰斐逊风格的宣言——完全吻合他对一个安稳政体固有的不信任以及他认为革命具有治愈力的观点。"我坚持认为，时不时地有一些反叛事件出现是一件好事,反叛对于政治世界来说就像风暴对于自然界一样有必要。"(《致麦迪逊》,1787 年 1 月 30 日)20 世纪 60 年代在美国教育领域刮起的一阵极为激进的充满怀疑和反叛精神的批评之风很显然能让我们有理由联想到杰斐逊——但是,需要指出的是,这种批评并不是反对学习,尤其不是反对对过往历史的学习。恰恰相反,杰斐逊事实上明确地将历史研究视为负责任的抵抗的必要准备。

在一定程度上,针对教育是为了培养革命精神这种观点,也有不少人持反对意见,其中美国早期的一批作者努力把教育转向两个方向:一是培养具有特定美国个性的人才,一是培养符合稳定的共和国的需要的公民。为了实现前一个目标,这些教育学者,包括杰斐逊在内,都一致反对针对年轻美国人推行欧洲式的教育方式。"真正有用的美国教育的核心目标",是要教授"古典知识、现代语言,主要包括法语、西班牙语和意大利语,数学、自然哲学、自然历史、公民史和伦理学",而这些学科在美国就能得到非常有效的传授。欧洲的年轻学子对"穷人能够享受到富人所享受的令人愉悦的平等权利"这一点生发厌恶情绪,另外他们对共和精神也充满敌意。(《致巴尼斯特》,1785 年 10 月 15 日)韦伯斯特对这一说法深表认同:去往国外深造,完成某种学业,有些时候还是值得提倡的,但是千万不要过早地出国,也不要在国外逗留太长时间。拉什博士则不断强调说,本土教育,无论是让民众变得更加一致,还是为这个新国家培养更多爱国者都是极有必要的:"爱国主义的原则所需要的正是对成见的强化,而且众所周知,支持我们这个国家的最强烈的那些成见通常都是在我们从出生到 20 岁那段时间内

42

形成的。"但更为重要的是,教育的目标是塑造能够契合共和国需要的公民。拉什博士在名为《关于共和国教育模式的一些想法》一文中,以一种激情难抑的冲动口吻对此进行了进一步的强调:"我认为通过教育将普通人培养成为共和国的机器是完全有可能的。"他指的只是那些能够在"政府这台好机器"当中恰当地扮演一个零部件的人——在当时那个年代,机器仍然是一种善意而有效的工具。他还对教育机构的运作提出了一套周全的建议,主张设立我们后来所称的公民课。这样一个有关课程设置的想法后来在霍瑞思·曼推行的公立学校制度中得到了有效的推行。① 但是,对于拉什本人来说,教育最为重要的使命还是培养普通公民养成契合共和国需要的美德——他算得上是同时代所有教育家当中最具古典风范的一个。相应地,他(以及稍后时期的曼)竭力推崇音乐教育,特别是推崇歌唱,肯定其在培养公民情操方面所发挥的意义。

　　这就让我不得不面对由传统和革命之间的对立所引发的两大挑战。第一个挑战,明确地说,就是对国民的共和国精神教育,而第二个则是关于如何培养具有共和精神的爱国者,而不是制造机器。

　　我在前文曾经提到过音乐在功利主义的现代共和国中的衰

----

① Rudolph, ed., *Essays on Education*, pp. 9,17,20. *The Public and the School*: *Horace Mann on the Education of Free Men*, *Classics in Education* no. 1, Lawrence Cremin, ed., "Political Education," pp. 89－97; on vocal music, p. 11. 1765 年,Priestley 在 *An Essay on a Liberal Education for Civil and Active Life* 中提议开设一门政治研究课程,为英格兰的"绅士们设计能够丰富生活、带来生气的活动",参见 Priestley, *Writings on Philosophy*, *Science and Politics*, John A. Passmore, ed. (New York: Collier Books, 1965), pp. 285 ff. 。

微,这里的音乐是就古代的更宽泛的意义而言的,其中包括人类从缪斯女神那里获得的所有眷顾,比如诗歌和舞蹈。至于说到人类想象力何以陨落的具体情境,我会在本书最后一章,即关于理性的部分,加以进一步诠释。这里有一个重要的启示,那就是,在一个初心未忘、时刻清醒的政体中,因为人们崇尚私人所享受到的和平与繁荣,所以激发爱国热情显然会成为一个实实在在的难题。这样的社会对于集体生活自然兴味索然。正如托克维尔所说的那样:"民主制度松弛了社会联系。但紧密了天然联系。它在使亲族更接近的同时,却使公民彼此疏远了。"(《论美国的民主》,II, bk. 3, viii)

43

公共领域所引发的更多是出于私心的情感,远多于纯粹热爱或审美,这一点与关于隐私的偏见互为。至于功利性能否看上去很美,对于我们的建国之父那一代人来说确实是一个严肃的问题。一个像亚历山大·汉密尔顿那样既清醒又有活力的人确实能在一个正常运作的商业社群所体现出来的勃勃生机中感受到一种出于公心的愉悦:"在一个伟大的联邦共和国那里,我们确实能够感知到它身上的高贵恢宏之气,这种气质与人们对共同利益的不懈追求息息相关,这种利益在国内表现为安定与繁荣,在国外表现为受人尊重。"①但是,至于说这些尘世间的福佑——其中包括了托克

① Harvey Flaumenhaft, "Hamilton on the Foundation of Government," *The Political Science Reviewer* VI (Fall 1976), p. 152. 参见亚当·斯密标题为《论效用的表现赋予一切艺术品的美》("Of the Beauty which the Appearance of Utility bestows upon all the Productions of Art")的章节(《道德情操论》[*The Theory of Moral Sentiments*], IV, 1)。

维尔所称的"省思的爱国主义"而不是一般的感情——是否能够真正捕捉到年轻人的想象力，则是另一个值得深思的问题，尤其在考虑到它对于这个共和国来说，爱国主义的宣言具有庸俗倾向是十分自然的事情。其长期后果就是，爱国主义名誉扫地，推进离心性忠诚——我们这个时代的"种族性文化"——的运动大行其道，共和国的教育家们希望弱化这种忠诚，其手段是通过爱国教育来塑造国民品格。体现上述后果的有一个简单的事实：独一无二的美国革命和建国历程，因为其本身的成功而曾经在国民中激发过崇高的兴奋情绪，但是这一情绪终究抵不过持续运转的共和国所带来的安全和舒适。①

建国悖论的这一面一直萦绕在林肯的心中。它并不怎么需要一个革命性的传统来逆转，不需要把革命呈现在传统之中。在《我们政治制度的永久化》的演讲中，林肯提出了如下的解决方案：用一种兼具激情与理性的围绕《宪法》的敬畏之心来取代罗曼蒂克式的围绕《独立宣言》的革命激情，这是第二次建国，需要重新推进，直至永久。林肯不仅提出而且体现出这样一种可能性：在公共领域内还是有可能存在诗意的。

建国悖论的第二个方面则涉及共和国理念本身的问题。培养

---

① 关于我们的革命的建国之父们和他们竭力倡导的稳固机构之间不那么顺畅的关系，参见 David Tyack, "Forming the National Character: Paradox in the Educational Thought of the Revolutionary Generation," *Harvard Educational Review 36*, no. 1 (Winter 1966): 37, 可以帮助我们更好地理解这一章以及接下来几章的内容。同时也可参见 Hannah Arendt, *On Revolution* (New York: The Viking Press, 1965), "The Revolutionary Tradition," pp. 217 ff. 。

未来可以服务社会的共和国人才，说到底，就像拉什一针见血指出
的那样，是灌输一种偏见。所有的作者都承认，这必须是一种特定
的偏见，是支持自由的偏见。年轻人需要接受抵制暴政的培训。　　44
而如今，在向往自由的思想方面这种悖论是显而易见的，其真实后
果也立竿见影。杰斐逊在建立他的大学的过程中暴露出令人生疑
的一面，这是众所周知的，这一面也体现出建国窘境，他坚持认为：
"就像我们的政治制度所昭示的那样，自由的真正教义应该反复地
灌输给那些即将维系并且有可能管理我们这个政体的人，这种灌
输的重要性毋庸置疑。"（《致麦迪逊》，1825 年 2 月 8 日）他实现这
一主张的手段是下达"组织指令"采用指定的教科书，不仅涉及政
治内容（经常被提及），而且也涉及被他当作合适的哲学基础的内
容（很少有人提及）。① 真正的问题在于，这些政治教科书的名单
很短，包括洛克的《关于政府的第二篇杂谈》、西德尼的《论政府》、
《独立宣言》、《联邦党人文集》、弗吉尼亚州关于外侨与防治煽动法
的决议、华盛顿总统的告别演说。所有这些，除了第五本除外，在
今天的人们看来似乎都是非常标准的读本，都体现一种抵抗精神，
其所抵抗的对象是"等级联邦党人"及其"无稽之谈"所造成的危
害。换句话说，这一切不仅适合美国，同时也适合所有共和国
（republic）。党派主义已经开始在美国内部潜滋暗长——在政治
教育中，党派主义的危险始终存在，但也不是完全不可避免。因

①　教科书这一段很显然会被多次提及。这部分的文献，参见 Arthur Bestor,
　　*Three Presidents and Their books*（Urbana：The University of Illinois Press,
　　1955），pp. 39－44。

为，毕竟我们有可能列出一个既能从根本上体现共和国精神又显得比较平衡的教科书名单，让与建国相关的问题继续留存着。而哲学方面的问题，我们将在关于传统和理性的章节中予以探讨。

在美国建国之后的那个世纪末，一种独具美国特色的民主社会的特质已经有所发展了。托克维尔在1831年就有所觉察，这种特质一路高歌猛进，使学校教育承载起更加广泛的使命，远比建国之父们曾经设想或者愿意认同的要广泛："人们对孩子的社会关系的看法通常都是过于狭隘的，就像人们头脑中对狭义的公民培训的看法一样……除了考虑到参与社会生活之外，学校并无其他目的和目标。"（杜威，《教育的伦理准则》）有基于此，共和国的公民们，一方面抵制暴政，一方面提升自我，会变成根据社会需要而不断调整的个人，意愿服从社会规则，政治教育扩展为社会培训，教师们扮演起一种无须选举而担任的立法者的角色。其结果是，个人及其自身表达的问题会逐渐涌现，纪律和标准会有所松弛。这些教育困境我们司空见惯。在我看来，这种恢复重大的深层次的建国悖论的做法将有助于突破上述困境。

学校与生活相对。教育机构是否应该彻底和"生活"隔绝，或者说应该成为"生活"的延伸，这样一个问题在我们针对共和国的教育学的探讨中是极其重要的。一个极端是将学校比喻为象牙塔："我一直将学校想象成一个学习的最佳场所——一个自由自在的地方，而且也是一个充满多样性的……本身就像是一个小世界……沉静的赛先生（科学）于此安坐，隐居，像修女那样清心寡欲……像个纳人间万象于一心的世界……但不像一个自足的世界。"(伍德罗·威尔逊,1896 年)①另一方面,存在一种对彻底的政治化的要求(这种要求在 20 世纪 60 年代登峰造极),要求教育机构对政治和社会议题进行直接干预,这样一种要求是此前把大学当作社会性的问题解决机构这种做法的必然后果,这种后果是完全可以预见的。

除了上述这两个看法之外,还有一种倾向:希望学校能够放低自我、拥抱生活,学生们"在社会花这么大代价来支持他们的情况下,不应该游戏生活,或者仅仅是学习生活而已,而应该从头到尾,全身心地投入生活。年轻人如何才能更好地学习生活而不是不停地进行生活试验? 我认为这种学习对他们心性的磨炼绝对不亚于数学"(梭罗,《瓦尔登湖》,第一章)。当然,与之完全对立的一种可能情形也是非常值得关注的:"让我们每一个学校都成为一种社区生活的胚胎,其中有各种类型的职业,能够反映大社会的生活景象。"(杜威,《学校和社会》,第一章)

另一个问题进而涉及学校与生活之间的差异以及书本学习和原创省思之间的差异:"那些生性温顺的年轻人是在图书馆里长大的,盲目地相信自己的职责就是严格地接受西塞罗、洛克和培根等先人给出的观点,他们彻底忘记了,西塞罗、洛克和培根在写下他们的观点的时候也不过是待在图书馆里的年轻人。正是因为这样,我们培养出来的并不是真正懂得独立思考的人,而只是一批书虫。"(爱默生,《美国学者》)

---

① George F. Kennan, *Democracy and the Student Left* (Boston: Little, Brown and Company, 1968), pp. 3 - 4 对此有完整的引用。

同样,人们有时会认为从书本中感受到的愉悦事实上对经商是不利的,后者"在一定程度上需要一种机械式的思考"①:"事实上,在我看来,如今被称为自由教育的模式并不能为我们的商业运作培养合格的人才。"(韦伯斯特)为此,韦伯斯特提出的建议是,一个人所接受的学术教育需要适可而止,在 21 岁之前要留出时间去做学徒。但是,他坚持这样的想法显得非同寻常。总体而言,美国早期的教育作者们对于正式的学习是坚信不疑的。当然,这背后的根源可能是美国革命的推动者的思想活力要求他们对书本学习在行动计划中的运用必须是即刻见效、持续不断的。② 因此,杰斐逊曾经写道:

> 教育……在一个人的先天基础上培养出一个新的人,将其本性中邪恶而偏狭的部分转换成美德和社会价值。要想做到这一点,我们每一代人必须承继前人所获得的全部知识,还

---

① Noah Webster, in Rudolph, ed., *Essays on Education*, p. 56. 关于绝大多数的书本学习越来越没有价值的双重争论,认为这种行为既阻碍了人们独立思考,同时也无助于人们培养机械方面的能力,这样的争论事实上可以归结为一种罗曼蒂克式的情境。举例说,卢梭就曾经要求他的爱弥儿,那个能够"完全从自己身上掌握各种知识"的小男孩,在他的图书馆里只能阅读一本书——不是亚里士多德的,也不是普林尼或者布丰的,而是《鲁滨孙漂流记》(*Robinson Crusoe*),并认为这本书可以给这个拥有高贵灵魂的未开化的年轻人的人生提供一份自力更生的手册。

② Arendt, *Revolution*, p. 221. 从《石鱼口报告》中我们可以发现,下文中引用的那段话确实可以找到曾经发生过的可被视为具有示范意义的真实事件。而从孔多塞的《人类精神进步史表纲要》的第十阶段中,我们可以直接推导出一段被忽视了的话,这段话讨论的是无限性,和人类所获得的有限的进步是对立的。

要把自己所获得和所发现的知识贡献出来，并且能一代又一
代、持续不断地对这些知识进行累积，进一步增进人类的知识
和福祉……将人类推进到一个没有人能够固化，也没有人能
够预见的时代。

杰斐逊，《石鱼口报告》

这一信仰部分源自这样一个事实，那就是，在启蒙运动精神的
感召下，我们的建国之父们希望发展出适合各种事业和实践的理
论。举例说，拉什就曾经要求对商业和金融原则进行简化，"简化
成一个我们的年轻人也容易认识、容易接受的制度"，换句话说，他
希望学校应该推广商业课程。在杰斐逊自己的大学里，"所有那些
在当下这个时代被认为有用的科学分支都应该得到充分传授，其
最高级别也要传授"（《致提克诺尔》，1817 年 11 月 25 日）。这样一
种学校教育的价值在美国早期已经成为一句至理名言。从长期来
看，并不存在这种急切以至于终将膨胀的课程制定和课程学习所
产生的浪漫反应、过犹不及和祛魅现象的迹象。那些把广泛普及
的教育看作"乌托邦式的美梦"（《致科雷亚·德塞拉》，1817 年 11
月 25 日）的人自然无法预见现代学术的危险所在。

　　一般来说，不管是古时人们意识到的理论生活和实践生活之
间的重要差异，还是现代人们悲哀地意识到的在学术生活和实际
"生活"之间的巨大隔阂，美国早期的作者们似乎都不受其困扰。
他们非常清楚让学校变得更具实用性这一问题，但是他们从来没
有意识到学校还需要变得更靠近实际生活——这样造成的后果是
彻底摧毁了书本学习和休闲活动之间的差别，但是对于在真实而

不受约束的世界里将所学知识运用到实际生活中去却毫无帮助。对于教育一旦在变成义务制或者唾手可得时就会堕落和贬值，或者对于非常有影响力的大型教育机构在通过应用研究与商业或政府打交道时面对的危险，这些美国早期的作者们并不知情。他们也从来未曾预料到，竟然还存在着这样一种要求，即用成熟的交易来扰乱他们为承担公共事务而进行的准备工作，或者在政治问题方面由企业对教育机构横加干涉①，或者，反过来，要求学术界保持孤立和纯洁。倒不是说在革命后期的学校中并不存在任何类似困境的初级状态。相反，就像绝大多数充满热情的规划者一样，这些作者们也预见到了不少问题，只不过并没有预见到他们的革命的成功所隐藏的问题和后果。但是，在这一特定问题上，他们对我们的意义与其说是为我们提供了一个关于困难的根源的解释，倒不如说为我们提供了一个健康的思考框架的实例。如果老师们能够展示出对学习的信心的话，那么学习本身所具有的生机和活力还是能够回归的。关于这个问题的深入讨论，我们会在关于传统这一章节中进行。

公共教育与个体教育相对。在最初的辩论中，从最广泛的意义上来说，这一组对立是教育学的一个根本问题：到底应该把孩子送往由公众监督的公立学校，还是让他们接受私立教育？换句

---

① 当然，大学生会以满腔的激情来参与到革命活动中去，但主要是基于国家层面的考量，并更多地站在爱国者和未来建制派一边，参见 Richard Hofstadter, *Academic Freedom*, *in the Age of the College* (New York：Columbia University Press，1955)，p. 206。

话说：教育应不应该机构化？那些颇有影响力的古代作者都一致
推崇公立教育："考虑到整个城邦的终极目标只有一个，因此，很明
显，在同一个城邦中，对所有的公民来说，教育都应该一视同仁，对
教育的关注应该是公众性而不是私人性的。如今我们所看到的现
状是，每个家庭都在私下里培养自己的孩子，在私下里按照他个人
认为合适的方式来教育他们的孩子。但是，公共的问题应该以公
共的方式来解决。"（亚里士多德，《政治学》，VIII，1337a）昆体良尽
管认为公立教育也存在一些问题，比如会腐蚀道德、忽视个人等，
但是他仍然支持公立教育，特别是这种教育能帮助那些未来承担
公共事务责任的年轻人更好地在公共领域（res publica）立足，同
时让学生享受到学校所带来的多样性和良性竞争的好处（I，ii）。
在这个问题上，培根是完全站在古人一边的。（《学术的进步》，拉
丁版 IV，4）但是，最具代表性的三个现代思想家——蒙田、洛克和
卢梭——则坚决反对学生们接受学校教育，他们认为，这样做事实
上是让孩子们暴露在"寡廉鲜耻、坑蒙拐骗或者打架斗殴"（洛克，
《关于教育的一些看法》，70）的环境下。洛克之所以对此抱有如此
强烈的抗拒心理，其背后根源在于，在他看来，教育的首要目标是
培养人的品格，也就是灌输美德。"和掌握关于世界的知识相比，
美德的培养和获得要难得多"，在这个世界上，美德是"一个人或者
一个绅士诸多天赋中最不可或缺的"（70，135），它意味着一种稳固
健全的正直品格。真正适合塑造品格的地方应该是每个家庭，这
样的共识作为美国教育的一个重要元素已经根深蒂固了。

　　早期的美国作者们一致认为，洛克的这一观点会严重阻碍共
和国教育的发展进程，他们总是更倾向于推行公立教育，有时候会

48

借用昆体良和其他一些古代哲人的观点：公立教育可以提供很多
益处，包括健康的模仿、教室学习有助于集中的注意力、更独立的
反思能力、社会关系的多样化、更好的教学设备以及能够找到更多
朋友。在共和国的教育中，最后一点似乎具有尤其突出的重要性。
革命时期的诗人乔尔·巴洛，就曾经写诗赞美自由教育："自由科
学终于盼到了最符合它们天性的共和国，它们因为能够自由交流
而欣喜万分，它们珍视这种同志般的友情，并且能够促进自由的交
流，加上社会的约束，两者相互协同，共同带来了人类的进步。"[1]
当然，需要明确的是，这一段描述具体指的是高等教育，当然事实
上也同样体现出了初级教育能够带来的利益——同样，这样的想
法里面确实可以看到一些古代人思维的影子，那就是，"友情确乎
有助于让整个政治社群紧密地团结在一起"（亚里士多德，《尼各马
可伦理学》，VIII，1155a）。而这种城邦内的政治纽带观念，对于那
些希望打造一个伟大的共和国的头脑冷静的建国之父们来说似乎
有些过于私人化了，很难作为一种教义来加以推广。不可否认的
是，这种情感很显然在他们自己的私人关系中占据了重要的位置，
比如说杰斐逊和麦迪逊之间的友谊，以及他在晚年和亚当斯之间
的亲密情谊。事实上，他们之所以对公立教育抱有如此的热诚，完
全是因为他们将之视为一种能够引发人们博爱之情的工具——博
爱作为一个政治口号在美国革命中是缺席的，这是美国革命与法
国革命之间的一个重要区别。

49

---

[1] Joel Barlow, *Prospectus for a National Institution to be Established in the United States* (Washington, D. C.：S. H. Smith, 1806), p. 5.

　　早期美国的作者们（拉什、韦伯斯特、柯兰姆、斯密斯、诺克斯，当然不能遗漏了杰斐逊）基于公立教育所涵盖的多种优势得出这样一种结论：社会应该建立一种义务制的，由公共资金赞助、地方政府管控的，不隶属于任何宗教派系的学校制度。这些就是构建现代意义上的公立教育的主要概念。① 由此，与之对立的私立教育则意味着是自由选择上学与否，由私人资金赞助，可以按照自己的意愿来设置课程，甚至可以推广宗教教育——对于曼来说，公立学校的真正对立面现在是教会学校。而在中学阶段，所有这些方面当然必须完全遵循公共权威机构的限制和管控。

　　谈到大学，我的主要关心点在于，在这个国家的早期时候，并不存在严格意义上的私立学校。殖民地时期，大学的资金既有公共来源也有个人捐赠，教会和世俗世界的影响力总是交错在一起，很难分清。即便是在后革命时期，那些私立的大学通常也接受各州给的钱。只有在内战之后才出现了纯粹的个人办学资金，因为战争期间州立大学独占了公共资金。②

---

① 参见 Rudolph, ed. , *Essays on Education* 全书。
② 用来描述殖民地新教派学院的派系林立的处理原则是"要优先考虑容忍"，参见 Jurgen Herbst, "The Eighteenth-Century Origins of the Split Between Private and Public Higher Education in the United States," *History of Education Quarterly* 15, no. 3（Fall 1975）: 274 ；关于资金来源问题，参见 Frederick Rudolph, *The American College and University*; *A History*（New York: Vintage Books，1962），p. 189；关于将小学和中学层级的私立学校和公立学校彻底对立起来的观念，参见 Frank Tracy Carlton, *Economic Influences upon Educational Progress in the United States 1820－1850*, *Classics in Education* no. 27（first published in 1908），p. 81。

美国革命之后，私立学院雨后春笋般地崛起，其直接原因是对宪法关于公共领域必须去宗教化这一规定的回应，以及建国之父们反宗教倾向的反应。但是，更长期的议题则是该如何掌控教育机构这个问题。其中一个具有决定性意义的事件，也是最终确保了美国特有的双重制度并存的事件，即 1819 年首席大法官马歇尔发表的《达特茅斯大学判决意见书》。当时新罕布什尔州的立法机构试图借由法律手段将这个学院转化为一个公立教育机构。丹尼尔·韦伯斯特曾经就此发表过自己的见解，他慷慨激昂的陈词更多地聚焦于小型私立教育机构本身的脆弱性："先生，就像我曾经说过的那样，它确实只是一个小学校而已。但是，确实有不少人真正爱它。"马歇尔最终决定站在州立法会的对立面："现在是否每一个教授年轻人的老师已经都变成了公务员？每一笔资助教育的捐款如今都必须归入公共财产吗？"并不是这样的。州的意愿显然不能完全代表那些私人捐赠者的意愿，后者的捐赠行为事实上已经被视为签订了合约，代表的是必须予以尊重的私人财产，是州的立法机构不能侵犯的。那些小型独立教育机构的健全和完整，以及由此而确保的一种更为严格的教育制度的多元性的可能，从那之后得到了法律的保障，至少可以说是避免了来自州政府的侵占。对于这些教育机构而言，另一个恒久存在的威胁是财务方面的，如今尤为严峻。

在另一方面，美国早期的作者们，可以说基本上都是站在州政府一边的，甚至在高等教育领域，更推崇一种全国性的制度，在这一点上没有人例外：拉什、韦伯斯特、斯密斯，拉斐特·德科特尔、诺克斯、巴洛……其中更值得一提的是杜邦·内莫斯。1800 年，针对当时身为总统候选人的杰斐逊所提出的一个建议，内莫斯撰文对全国性的教育制度该如何设立发表了具有原创性的设想。事实上，建国之后前六个总统都曾经先后向国会提议设立国立大学，可惜没有人能够成功。① 他们期待通过集中集权来打造全国大一统的学习机构，使之在知识方面更有影响力，在生源方面更具选择性，但是诡异的是，他们对于这样的机构即便做到最佳也会造成一切皆由其操纵的危害，一旦变成最差则会带来平庸泛滥的后果，却表现出一种满不在乎的态度。我认为，一个相对合理的推断是，如果他们真的有幸能够看到当代的那些州立大学，他们原则上仍会感到放心和满意，但是在一定程度上还是会因为亲眼看到实际的运作现状而感到诧异。在我看来，他们希望所有人都有机会接受高等教育的这种热诚之心终于得到了普遍的认同并成为主流，这一点还是值得庆幸的，而且，这种观念成为主流是循序渐进的，使得美国的教育继续维持其双重性和多元性。事实上，这种公立和私立教育并存的制度是作为教育世界中坚力量的那类学校偶然诞生的必要条件，这样一类学校能够因为其本身所建立的健全而有强度的基本制度而成为其他学校效法的榜样——这里所用到的"强度"一词，在我看来，和优秀相比，在教育中是一个不那么会激

---

① Pierre Samuel du Pont de Nemours, *National Education in the United States of America*, B. G. du Pont, trans. (Newark: University of Delaware Press, 1923), p. xiii. 华盛顿甚至还自掏腰包给这一创业尝试提供了部分赞助。(《致罗伯特·布鲁克》，1795 年 3 月 16 日；1796 年 9 月 1 日)在这些受过启蒙运动影响的教育专家中，只有 Priestley 在 "An Essay on the First Principles of Government," *Writings*, pp. 305 ff. 中明确地指出了国家层面的教育可能蕴含的危险。只可惜当时他还居住在英国。

发怨愤同时又更能说明问题的说法。

　　优秀与平等相对。当今时代针对教育的讨论更多聚焦于教育机会均等这一问题。① 与之相对立的颇具鄙视意味的说法是精英主义。在我看来，对精英主义这个说法关键要看如何界定其真实含义以及如何限定其使用范围。当下，如果用它来指代那些小规模、较亲密且具有选择性或特殊性的教育努力的话，在我看来，显然是错误地使用这个词——如果这样，这个词在做爱方面也适用。但是，如果它真正指称的是一种排他性，一种并不是经由自我选择或者根据合格标准来进行的遴选方式，而只是随心所欲地将一部分人排除在外，或者展示一种激发他人不满的差异性，那么就应该表达反对意见，这种做法可以被称作精英主义。在我看来，大家对

51

----

① 在公众面前将平等教育机会作为关键议题的发展进程中，一个最关键的时间点当然是美国高等法院对布朗起诉教育局一案的最终裁决，推翻了用"分离的但是平等的"这一理念为种族隔离学校的存在做辩护的做法。在判定教育计划事实上所蕴含的平等性的时候，它前所未有地依靠社会学家们的研究发现，参见 The Supreme Court and Education, Classics in Education no. 4, David Fellman, ed. (1976), p. 138。经常有人指出，这一决议，无论它究竟造成了什么样的实际影响，都可以称得上是体现法律所蕴含的教化功能的最重要案例之一：被迫采取的种族隔离措施再也不能赢得公众的认可了。在这一法律方面，杰斐逊几乎很少明确表明其立场，尽管他为他所推动的几大法案所撰写的前言都深具教化性质——考虑到他一向坚持的反柏拉图主义理念，这一点显得颇具反讽意味——这恰恰是柏拉图在《法律篇》(IV, 721 d ff.)中所竭力提倡的。

　　T·S·艾略特在他名为《教育的目标》("The Aims of Education", 1950)的论文中，对机会平等这一理念提出了尖锐的批评，他认为，如果一味地坚持这一理念必然会让我们的社会被国家牢牢控制，并进而演化为所谓的职业主义；To Criticize the Critic (New York: Farrar, Straus and Giroux, 1965), pp. 101 ff.。

这个说法所表现出来的混乱本身是非常有害的,因为它会玷污对于教育规划而言极为必要的原则:标准不需要具有通用性,楷模不需要具有普遍性。也就是说,一些规模不大或传播不广泛的教育机构和教育计划不但可以存在,而且仍然应该有资格代表理想的教育方式之一。

如今,出现了一个令人不快的关联,那就是:在人们的认知当中,优秀这个词经常与精英主义相关联,优秀与平等被认为是水火不相容的。这一看法倒也有一些实在的原因。变得优秀,就其字面意思而言意味着超越他人、卓尔不群。民主制度下的教育需要直面很多窘境,其中一个是关乎人性的问题:真正优秀的人是不是寥若晨星,或者说最优秀、最聪明的人事实上也可能灿若繁星。对于这个问题,贵族统治制度给予了原则性的回答:最优秀的确实属于凤毛麟角。而在另一方面,民主制度本质上更看重的并不是人的优秀程度而仅仅是人性本身,因而对于上述问题采取回避态度。在民主制度下,随着休闲时间和学习机会变得越来越普及,越来越能够为大众所接触到,关于优秀的问题也就自生自灭了。有一个假定,认为所有的年轻人都拥有值得他人尊重的能力,不过是能力的类型不同而已,这一个假定源自每个人天生都是平等的这样一个建国原则。基于这样的前提,如果每个人在展示自己的能力时能够不那么傲慢,不让人感到过于与众不同(本身并不是什么坏事,因为真正意义上的优秀无论在什么情况下都与这些表象毫无关系),那么这样的能力也就更容易让众人接受。

总体而言,美国早期的作者们并不会过于纠缠于教育中的智力优秀问题。对于他们来说,确实有一些孩子会展示出"超凡的天赋异禀",这是一个无须争辩也不会引发不满情绪的事实,应该创造条件让这样的孩子接受最高级别的教育,而在他们当中将会诞生一批未来的立法者。不可否认,杰斐逊特别关注的一个问题是,他自己的大学里在挑选教师时绝对"不接受庸常之辈"(《致科雷亚·德塞拉》,1817 年 11 月 25 日)。但是他的这种担心,和其他作者所担心的一样,其重点更多在于发现优秀,而不是包容优秀。他们更关注对公民的启蒙和向他们传输各种知识。他们总是乐观积极地看待这一事业,这种乐观主义精神也确实是推广普及性公立教育制度不可或缺的。

但是对于他们来说最急迫的事情是如何向公民进行品德教育:"与一个人的能力相比,其所拥有的品德对于社会造成的影响更大,也是基于这个原因,对心灵的培育应该比对头脑的开发付出更多的辛劳。"(韦伯斯特)这里的"品德"很显然让我们听到了古代哲人的心声的回响。事实上,这是对一个古罗马词语的新解释,追根溯源则是古希腊语当中 *aretē* 这个词的新解释。它所指代的其实是一种优秀(事实上很多时候这个古希腊词都被直译为 *excellence*),这种优秀要么是功成名就的超级能力,要么是克己复礼的超级能力。也正是基于后一种意思,孟德斯鸠将品德视为共和国公民所必备的独特能力。其原因在于:

> 正是在一个共和国政府里,才需要拥有教育能够赋予的全部力量……(因为)品德就是一种自我舍弃,是一个"艰难困苦,玉汝于成"的修炼过程。
>
> 我们可以给这样一种品德下一个定义,那就是,对法律的

热爱与对国家的热爱相结合。这样的爱要求人们持续不断地将公共利益置于个人利益之上，这也是我们每个人所拥有的个人品德的真正源泉……

也因此，在共和国里，每一件事情都取决于对这种爱的培养；而激发这样的爱应该是教育所承担的首要职责。

《论法的精神》,I,iv,5

孟德斯鸠这里提到的共和国是一种紧密而封闭、进行直接管理的小型城邦形式，而不是那种异质多元的大型现代联邦国家。（杰斐逊对孟德斯鸠理论的批判也主要是基于这一点——认为后者对现代世界代议制原则不甚了了。当然，杰斐逊本人对法律的感情也有其局限性。）①在一个现代商业共和国里，为了更好地调和个人功利和公共功利的一致性，社会对品德的特性进行了改变：

我怀疑人在贵族时代会比在其他时代更有德，但我又确信人在那个时代会不断地讨论德行之美，至于德行的功用究竟是什么，他们只能在私下讨论。但是……每个人便开始只顾自

---

① Nannerl O. Keohane, "Virtuous Republics and Glorious Monarchies: Two Models in Montesquieu's Political Thought," *Political Studies* 20 (December 1972): 388,395. 尽管如此，早期的作者们还是更喜欢引用如下的段落：Rudolph, ed. , *Essays on Education*, pp. 66 - 125。

杰斐逊对孟德斯鸠的批判因为 Destutt de Tracy 的 *Commentaries on Montesquieu* 而得到了进一步的强化，他还曾经花时间将这本书的一部分翻译成英文，参见 Adrienne Koch, *The Philosophy of Thomas Jefferson* (New York: Columbia University Press, 1943), pp. 59,152。

己,谈论道德的人也在这种自我牺牲精神面前表示却步,不敢
再向人们宣扬这种精神了。于是,他们只去研究公民的个人利
益是否在于为全体造福的问题……最后他们终于认为自己发现
了人为他人服务也是在为自己服务,个人的利益在于为善。①

托克维尔,《论美国的民主》,II,bk. 2,viii

很显然,从一个真正现代性的视角来看,孟德斯鸠笔端的品德
颇具贵族制度意味。

美国早期的作者们希望向人们灌输的品德介于古代共和国公
民所拥有的宏大而又无私的激情与现代道德主义者在精心盘算下
成功启蒙的自我利益之间。他们希望能够"改善人的心灵",能够
灌输"感知能力"(有点像我们经常所说的"感受力"),能够培养"四
海皆兄弟的博爱精神"。这就是上面提到的社会性美德,属于善意
的功利主义。② 当杰斐逊宣称"大自然赋予我们每个人以功用,这

---

① 引用自董果良商务印书馆译本。

② 至少对于杰斐逊来说,他所基于的关于普世善意和道德情操的主要来源,就是
他特别推崇的 Kames 勋爵的著作。大家尤其应该参照一下 *Essays on the The
Principles of Morality and Natural Religion*,paras. 913 ff. ,被整合在 British
Moralists,L. A. Shelby-Bigge,ed. (New York: Dover Publications,1965),
II,302 ff. 中。

　　无论早期美国的品德表现得多么温和,和富兰克林在《自传》(续篇,1730
年)中所推行的致力于道德的自我完善的活动相比,它们仍然还是获得了更广
泛的推广。他所提出的 13 种品德,开始于节制("吃七分饱,喝到微醺"),到谦
逊("以耶稣和苏格拉底为榜样"),几乎可以说是以一种对自身更为严苛的掌控
方式来逐步地摈弃品德所包含的贵族之气。当然,那个时代的富兰克林身上所
体现的勃勃生机和对生活乐趣的享受确实能够支撑起这样一种道德标准。

也是品德的标杆和检验"（《致劳尔》，1814 年 7 月 13 日）的时候，他
进一步澄清说，所谓功利是指对他人而言的——与有德行相对立
的是不公正。那些建国之初的作者们所坚守的所谓正道，换一种
情形就会显现出一定程度的软弱性。为了更好地诠释这种现代共
和国的品德，他们甚至将基督教也归为其列："一个基督教徒……
不能不让自己成为合格的共和国公民，因为福音书的每一条箴言
事实上都是在灌输谦卑自抑、自我否定和兄弟情谊，这些品德本身
就是在直接反对君主制的傲慢。"（拉什）①

　　同样，这些特定的政治品德，至少是对杰斐逊来说，是谦和之
气而不是专横跋扈，它是诚实，不撒谎、不欺骗、不偷盗。在他的青
年时期，他就曾经指导英国国王说："政府的治理艺术，一言以蔽
之，即一诚字。"（《综述英国式美国的权利》）在他提出的《知识传播
法案》中，他在提及天才和品德时也会交替使用"智慧"和"诚实"的
说法，而在谈到这些说法的对立面时则采用了"公正""诡计"的说
法。（《致肖特》，1819 年 10 月 31 日）

　　在谈到伦理性美德的时候，这些作者们所设想的则是一种更
为仁慈也更具诚实品格的公民气质，这更多是一种社会性的美德，
因为其可能存在的负面联想以及通用性而很难被定义为优秀。而
另一方面，在谈到智力性美德的时候，个人能力之间的巨大差异以
及未受过教育和受过教育者之间的那种被固化下来的差距，则被
视为一种已给定的条件。但是仅仅因为这些是天生的差异：

54

---

① Rudolph, ed., *Essays on Education*, pp. xix, 11.

也就使得致力于提升公众幸福感这件事变成了当务之急，那些拥有天赋才华和美德的人们应该有机会接受影响力深远的自由教育，从而能够更好地守护他们的公民同伴们的神圣权利和自由，而且他们在行使这些职责的时候，不应该考虑到同伴们所拥有的财富、出身或者其他一些完全是偶然因素的条件或者状况。但是这么多数量的人，而各种条件又很匮乏，因此必然会限制他们完全依靠自己的能力去获得充分教育的机会，而他们的后代，其本性已经得到充分的发展，必定能够成为对公众有用的工具，那么我们最好努力发现他们，并且完全用公共资源来教育他们，这样会比把我们所有人的幸福都托付给那些力量微小或者是品德欠缺的人要好得多。

《知识传播法案》，前言第二部分

同样，由于"我们的公民群体可能被划分为两个阶级——劳力阶级和劳心阶级"，因此让劳力者能够拥有扎实的基础教育，"从而让他们更有资格来追求其所向往的生活并承担起相应的责任"，也就变得特别重要。（《致卡尔》，1814 年 9 月 7 日）

无论如何，杰斐逊至少是希望看到这样一种大学教育，将其受益者真正培养成为"他人效仿的品德标杆"（《石鱼口报告》）。这一希望也揭示出了一种智力上的优秀和道德上的平等之间的最原初的悖论：一个所谓的"贤能统治"（那也正是包括杰斐逊在内的绝大多数作者们一直在思考的一个问题）真的能够在体现温和、仁慈的负面性的共和国品德中成为典范吗？反过来说，那些对平等的道德价值有着极强自省意识的公民真的能够容忍这样的优秀吗？

公民与政治家相对。对于杰斐逊,同时对于其他作者也一样的是,很显然这个国家未来的政府官员应该时刻做好准备,要具备类似那些有智识的专业人士所必须具备的能力。这些作者并没有特意提及那些在涉及共和国所推崇的平等性时所给出的任何令人不满的差异性,他们认为"公民群体"并不接受如此高级的教育是理所应当的事情。而且,正是这一差异,使得根基深厚的普及性基础教育对于美国来说是极其必要的。

有很多文本对两级教育的各自特征进行过比较,其中最值得一提的文本是杰斐逊在 1818 年写就的《石鱼口报告》,也是弗吉尼亚大学的奠基性文件:

基础教育致力于达成的目标既决定了其特性又带来了其局限性。这些目标包括:

(1)让每个公民接触到他在进行商业交易时所需要的各种信息;

(2)让每个公民都能够为自己的利益而进行计算,能够把自己的想法、自己的合同和账户进行书面表述并加以留存;

(3)能够通过阅读来提升自己的道德和能力水准;

(4)能够真切地理解自己对邻居和国家应尽的职责,可以称职地执行其中任何一方交付给他的任务;

(5)能够了解自己的权利,公正、有序地行使其所获得的权利,审慎地选择那些他认为可以授权的信托人,勤勉、真诚、合理地关注这些人的行为;

（6）而且，总体来说，能够在处理所有其所置身的社会关系的时候体现出智慧和忠诚的品质。

总结而言，提供基础教育的学校，无论是公立的还是私立的，都应该"向我们的公民群体传授作为成人和公民应该了解的权利、利益和义务"，而能达成这一目标的合适科目是"阅读、写作和算术，测量要素（对于很多不同的职业都是有用的）地理和历史纲要"。

而在另一方面，更高层级的教育的目标，"举例来说包括"：

（1）培养政治家、立法者和法官，公共繁荣和个人幸福都离不开这些人的作为；

（5）阐释政府的原则和结构，阐释监管国家之间交往的国际法以及约束我们自己的政府的地方法律，解释合理的立法精神，消除对个人行为肆意强加的不必要限制，让我们自由地去从事一切不触犯他人同等权利的事情；

（4）协调并促进农业、制造业和商业的利益，基于信息灵通的政治经济学观念为公共产业提供更为开放的运作空间；

（3）帮助我们的年轻人培养推理能力，扩展他们的思维，培养他们的道德观，把品德和秩序观念灌输给他们；

（2）让他们得到数学和物理学的启示，用这些科学知识来推进艺术发展，帮助人类管理身心健康、提升生存能力和生活舒适度；

（6）更广泛而言，让他们养成不断反省并且时刻修正自己行为的习惯,让他们成为足以值得他人效仿的品德模范,并从自己身上获得幸福。

上述这些都是高等教育需要达成的目标,是立法机关如今倡导并致力于提供的利益和福祉,以此来增加国家的福利和荣光,增强公民尤其是父辈们及其心心念念的后代的满足和幸福。

我在这里给每一段都标上了序号,目的是能够将杰斐逊显然精心考量过的各种差异进行对照。针对不同对象所设定的目标分别为:

| 公民 | 政治家、立法者、法官 |
| --- | --- |
| 完成自己的生意 | 促进公共繁荣 |
| 学会计算 | 学习科学原理 |
| 提升道德品质和个人能力 | 发展理性判断,拥有品德 |
| 有能力从事各种事情 | 培养对经济问题的全面理解 |
| 了解自身权利,对政府官员做出判断 | 了解政府管理原理 |
| 学会在社会中生活 | 值得他人学习的反思能力和行动能力 |

两者之间的差异非常明显:公民教育本身就具有很强的实践性,而且更希望能够促进个人的成功;而高等教育则比较理论化,而且几乎完全以促进公共服务为导向。

我们的第一个观察重复了我在前文提过的事实:杰斐逊一直

坚信公民"有机会接受影响深远的自由教育，从而能够更好地守护作为公民的神圣权利和自由"(《1779 年法案》)。而对于公职人员而言，必须进行更广泛的学习和更合理的研究。实践与自由之间的对立到了 19 世纪变得非常鲜明，这一点恐怕会让杰斐逊深感困惑，其中部分原因当然是他自始至终都在一定程度上认同古代所认为的实践性与生产性之间的差异——在公共领域做事与制造物品之间的差异。杰斐逊所理解的自由教育，也就是能够帮助共和国的掌权者们做好充分准备的那种教育，应该是针对现代性的诸多要素，尤其是他引入的科学和技术方面的培训。对此，我会在关于传统的那一章中进行更为深入的探讨。

那么，我们可以据此认为杰斐逊的教育计划事实上富有贵族统治色彩吗？考虑到这个问题的答案很可能会给整个建国过程蒙上另一种色彩，所以难免引发很大的争议。① 也因此，我们必须更仔细地去了解其中的差异。在谈及三年制的基础教育时，杰斐逊的提议(尽管从未被真正采纳过)本质上就是一种由公共税收支撑的现代形式的公立教育制度，只不过少了一些强制性参加的特性而已。因此，举例来说，1831 年带有极强平等主义意味的关于推行公立教育的呼吁后来被大家归为受了杰斐逊理论的影响，也就很好理解了。②

在另一方面，高等教育是具有选择性但并不体现排斥性的一

① Merrill D. Peterson，*The Jefferson Image in the American Mind*（New York：Oxford University Press，1960，reprinted 1970），pp. 243 – 244.

② Stephen Simpson，*A Manual for Workingmen*，可一并参看 *Economic Influences*，*Classics in Education* no. 27，p. 54。

种制度。那些能够最终接受这类教育的优秀而富有天赋的学生需要先经过中学的选择,他们的整个受教育过程都是得到公众支持的。但是,那些有财务支付能力的学生,真正被选入高等教育却只有一个先决条件,那就是熟练掌握希腊语和拉丁语。由于这些进入大学深造的学生早就被安排好未来会去从事公共事务,因此该计划的这一点确实可以被冠以贵族统治特征,分两种意思:从字面意思来看,这意味是服膺真正最杰出者的统治——这里,"最杰出"指的是能力和品格,当然也包括能够带来便利条件的阶级和财富;另一方面,在杰斐逊看来,这些学生将会学习到的统治艺术是真正代表人民并保护人民的权利和自由的能力。也因此,这样一种教育同样也具有浓厚的民主制度色彩,或者至少是服务于一个民主制度的。

事实上,在我看来,这样一个政治议题与教育问题相比只是第二位的:承认了学习对于共和国来说是必不可少的之后,是否就可以说高级的正式教育确实是共和国为官从政的必备条件? 杰斐逊的观点遭到了不少具有反叛精神的民粹主义者的否定:"学习对于支持一个自由政府来说当然是最重要不过的,而为了这一点,少数人总是大肆鼓吹要建立昂贵的大学、全国性的学术研究机构和文法学校。"(威廉姆斯·曼宁,《自由的关键》,1798 年)①在此,我会引用林肯作为反证,他应该可以称得上是至今为止入主白宫的所有总统(既不排除杰斐逊也不排除威尔逊)中教育水准最高或者

58

---

① *The Colleges and the Public*,1787 – 1862,*Classics in Education* no. 15,Theodore Rawson Crane,ed.(1963),p. 57.

至少可以说是最懂得阅读的一个——如果后者指的是善于读书，而不是指阅读的数量的话。当然，我如此称许林肯丝毫没有夸大的成分。而且，我们这个国家很显然并不是最近才开始享有如此值得炫耀的幸运：让"最优秀、最聪明"的人在最好的大学里得到培训。总而言之，美国的领导力窘境是，学习是不可或缺的，但是对于担任公职的人来说，通过接受强有力的机构式教育来做准备却并不是绝对值得信任的选择。社会真正需要的是深厚稳固的自由教育，这种教育能够被所有公民共享，无论为官的还是为民的。

公民与哲学家相对。这算得上是涉及社会功利方面的所有对立当中最耐人寻味的一组对立概念，但是我对此不会展开太多，因为本书最后一章，也就是关于共和国的理性的那一章，基本上都是在探讨这一话题。

在这里，我只想再一次提醒大家注意，杰斐逊当年曾经试图在他自己的大学里推行一种哲学教义，他称之为意识形态，这是源自培根、孔迪亚克和洛克的理论体系。该体系之所以能够如此引发杰斐逊的关注，部分原因正是如下事实：美国的政治原则似乎直接源自这一理论体系。[①] 美国早期的另外一些作者也曾经或隐或显地关注过美国政府的哲学基础，关于那些通常被称为哲学问题的普遍性的人类关切，他们提出了明确的观点。他们所提出的事关教育根基的问题主要包括明确的教育，即便其所设定的目标是确保公民自由，怎样才能承认完美的理论性的自由；有计划地为共

① Koch, *Philosophy of Thomas Jefferson*, pp. 54 ff.

和国而推行的教育怎样才能为更激进的问题留出足够的空间；以及更为常见的一个问题：实践性的政治教育怎样才能接纳纯粹的省思。

## 针对教育功利性悖论我试图提出的解决方案

### 人文教育

"所有人依据本性都有认知欲望。"更精确一点的说法："所有人依据本性都渴望（*oregontai*）认知。"那正是我们的第一哲学奠基作品的开篇之句。（亚里士多德，《形而上学》，1）在对教育的功利性进行探询的过程中，具有最深远影响的问题就是亚里士多德所言是否是不可辩驳的真理。

现在，我坚信这句话确实是真理，自始至终都是真理。亚里士多德举例说明我们每个人所获得的愉悦感，是通过五感，尤其是视觉，也就是人的感觉中发挥纲领性作用的那一种感觉而获得的。就快乐的长久性而言，没有任何活动能够超过高级八卦，即对人类事务的旁观与评论。但是，人类，尤其是时刻跃跃欲试的年轻人，同样会更关注并且以同样的方式来追求那些更艰深、更宏远的知识，追求不太容易得到的真理——*theater*（剧场）和 *theory*（理论）这两个词来源于同一个动词 *to behold*（掌握），这绝非偶然。这样一种本源性倾向所开出的花朵或许是纤弱易碎的，但是其根基却牢固无比——事实上，甚至可以说是坚不可摧的。使之受到污染的或许就是使之蓬勃发展的同种力量：希望在自己面前闪耀的内在激情，希望自己崇拜的那个人反过来崇拜自己的欲望，纯粹的偏

59

执狂精神,渴望获得世俗认同和回报的嗜欲。对知识和真理的追求可能因为自身的倦怠(accidie)而使其光芒被遮蔽,作为罪魁祸首的麻木不仁对于一个学生来说更是一种煎熬,这或者是因为耽于娱乐,或者是因为好逸恶劳。但是,总有一种探寻事物真相的纯粹的欲望之火永远不熄,哪怕只是很微小的一点火,甚至是那种稍不留神就会消失的余烬,在那里燃烧。而老师们深知这种潜藏着的对学习的热爱之情,也愿意为此下注。

如果掌握知识的热望确实是人类本性中的一个组成部分甚至是不可或缺的部分,那么所谓功利性的教育这种说法就自相矛盾,是一种背道而驰的努力方向。学习就其本性而言是基于热爱而不是有用与否来进行的,其本身就是一种生活方式,而不仅仅是一种谋生手段。在另一方面,一个共和国有着实实在在的公共事业需要开展,要为广大民众过上世俗意义上的好日子创造条件、提供保护。也因此,为了实现这一目标,共和国就需要承担起教育自己的公民的职责,基于这样一个核心事实,所有的教育也就不可避免地会引发人们对其是否包含功利性的关注,而无须退而求其次地追求所谓"丰富的体验"。从这样一个观点来看,很显然,"对于今天的美国教育来说,当务之急就是抛弃这样一个老旧的区别:为了生活(for living)的教育与为了谋生(for making a living)的教育"①。

请允许我在这里正式介绍一下非功利性教育的传统说法,它就是自由(人文)教育。这一说法含有几层意思。从字面上来看,它代表的意思很简单,就是"关于自由或者自由者(liberi)的"。

---

① *Report of the President's Commission on Higher Education*, p. 61.

由于在拉丁语中人们通常用 liberi 来指称那些自由的儿童,因此它还与儿童的养育有关,这些儿童即将成为自由的成人。它还经常被解读为"解放(获得自由)"——彻底挣脱监管者或者传统的束缚。

但是,这个说法在最原初使用的时候,其意思精确地说是指摆脱功用的束缚:

> 因此,必须向年轻人传授这些不可少的有用科目,这一点应该不难理解;但是,这些自由(eleutheron)的追求与那些不自由的追求还是有所区别的,因此针对年轻人又不能只教所有有用的科目,他们还必须学习另外一些内容,这样才不至于成为贱俗的工匠(banauson)。
>
> 亚里士多德,《政治学》,VIII,1337b

技艺是贱俗的(banausic),或者从更狭隘的角度来看是工业化的,因为工人在整个过程中不会实现自己的想法,而仅仅是通过一些常规路径来生产出有用的物品,这就是马克思所说的异化(alienation)的原型。即便是在远古时代,生产性技艺就其本身而言并不低俗——苏格拉底就曾经称自己是一个石匠,被人们视为英雄的手艺人代达罗斯的后人。而到了中世纪和现代,不管是作为社会目标还是作为自我投射的形式,手工艺和工业贸易都获得了应有的尊严。(举例说,杰斐逊就曾经认为掌握一门手艺是非常有价值的一种能力,因此他竭力鼓励在他的大学里就读的学生能够到邻近的作坊里实习。）①能够掌握各种生产性技能，包括服务性技能，在现代人看来是一种荣耀，其中能够体现自由精神，既能展示智慧又值得玩味。事实上，有关工作满意度的研究充分表明，这个国家中的每个人也都知道，人们不断发明创造出新的方法，从而能够让很多工作做起来更加灵活自由、更加心满意足，而那些工作就其本身而言似乎有两大缺点：要么范围过于狭窄，要么内在价值不足。

那么，问题的关键点在于，像大多数有用的工作一样，所有有用的学习有时候也能够自由地进行。但是，反过来却行不通。所有的自由教育都是没有用的，要么当下即无用，要么永远都无用，因为确实存在一种学习不是工具性的，除非以一种最含糊的方式来界定其用途。那么，确切地说，对于这样的内容，学或者不学，还是会对我们的世俗生活造成非常重大的影响的。但是，我们需要

---

① 参见《石鱼口报告》。根据我个人的了解，托马斯·莫尔（Thomas More）在他的《乌托邦》一书中首次描述了这样一个政体，其中以宪法的名义界定工作是一种自由的权利。洛克在这方面也算得上是相对领先的，他认为手工艺技能是给那些致力于投入国家事务的绅士们提供的教育活动的一个内在的组成部分，他也巧妙地将这样一种风俗归功于古代人，尽管在他举出的各种例子中，在不得已的情况下是将古希腊人彻底排除在外的（Thoughts，205－206）。被压抑的欲望，尽管被剥夺了消费所带来的安宁，但是却以其自身的形象和胜利的姿态，持续不断地塑造着世界，这种欲望体现为颇费心力的服务，对这种服务的哲学升华，参见黑格尔的《精神现象学》一书中题为"主人地位与紧密关系"的第 4 A 部分。而 Josef Pieper 则在他的著作（Leisure：The Basis of Culture［New York：Mentor Books，1964］，pp. 24 ff.）中主张将工作和自由的休闲活动截然分开，虽然本书的这一章和最后一章都深受这一主张的影响，但是相比之下他要比我严格得多。

时刻谨记的是："这种学习在成为一种力量之前，首先是一种善，它不是一种手段，而是一个目的。我很清楚，学习会演变为一种技艺，最终成为一个机械化的流程，结出有形的果实；但是，学习同样可能回归，回到起着告知和引领作用的根源那里，并演变成哲学。在一种情况下，学习被人们称为有用的知识，在另一种情况下则被称为自由的教育。"（纽曼，《大学的理想》，V,6）对自由教育和职业教育进行完美结合的要求显然并没有得到重视。

### 对目的的追求

学习如果纯粹是基于其自身的考虑究竟会发展成什么样？针对这一问题，我准备留给本书最后关于理性的那一章去进行进一步的探讨。不管怎样，纯粹的学习和工具性的学习相比，必定会体现出更强烈的私密性和紧迫性。但是，与前者相关的一个比较普遍的问题倒是适合在这里讨论。

我们所生活的这个美国并不试图为人们直接提供幸福，而是为人们自己去寻求幸福创造各种便利条件，因此，其所采用的所有方式很显然都具有强烈的工具性——我们的公共领域首先成为这样一种手段。有基于此，对于宗旨、善和目的的探询应该永远处于重要地位。这种地位必将得到认可，因为我们第一个充满活力但缺乏反省意识的不断制造各种手段的漫长年代就要走向终点了。

现在，学习的目的以及"什么是善"这个问题，是所有"不作为一种手段而作为一个目的"的学习的终极问题。需要明确的一点，这一问题源于人们对生活复杂性和艰难性的认知，也夹带着在找到答案之后能在实际生活中加以运用这样的希望——这也给学习带来了驱动力。尽管如此，为学习而学习也经常是、永远是最基本的考量。首先，这样一个问题通常源于对功利世界之不充分的感知，源于这样一种理解：对该问题本身的追寻就是对工具性活动的悬置。其次，这样的探询并非旨在解决任何实际问题，而在明确什么才是真正的善，它甚至都不太关注思维工具的锻炼和培训，而这是我一开始就提及的功利主义思想中最让人激动也最能体现现代性的部分。要知道，手段性的错误可以在行动过程中显现出来并加以纠正，而目的性的错误只有在很长一段时间之后才能慢慢浮现，但是往往为时已晚。因此，这样一种探询最好在追求且只追求真理这样的信念下展开，哪怕这样的追寻需要冒很大的风险，哪怕让我们绝望地认识到未来并没有什么好结果。最后，这样的问题可以将我们引入一个因果关系领域、一个思想领域，其本身就很值得我们投身进去：

> 知识是至高无上的，居高临下地掌控着从属于它的一切，知识能够深切地理解每一个事物，理解其使命，理解单体的善，并且理解自然整体的至善……正是通过不断思考，人们不仅在当下进行哲学化，而且一开始就进行哲学化，最初思考近处的复杂事物，然后逐步扩展开来，向前推进，开始针对更宏大的事物提出疑问……因此，如果说人们的哲学化是为了逃避无知的话，那么很显然，他们对知识的孜孜以求更多是出于理解万物，而不是为了某种功用。
>
> 《形而上学》，I，982b

换句话说：因为工具性的学习就其本身意图而言容易忽略目的，而纯粹的学习则时刻不忘目的（初心）——善成为思考的隐形目标。

最后，还需要问一个问题：美国能够负担得起这样一种教育——一种超越功利性考量的教育吗？美国人基于对世界的理解而裁决如下：但凡存在天赋权利的地方，就必然能够找到实现这种权利的资源。这不啻为一种美利坚的勇气。那么，自由教育算得上是一种天赋权利吗？从我们的建国宪章中，我们找到了三个高于一切的权利："生命、自由和对幸福的追求。"对于生命而言，自由教育似乎并不是必需的。正如绝大多数公民都明了的那样，人们完全可以在没有半点自由教育的情况下过着令人羡慕的舒适生活。甚至对于自由而言，自由教育也不是必不可少的，尽管它的名字与此相关。关于这一点，杰斐逊进行过充分的论证：对于一个公民来说，在压根没有接受过自由教育的情况下，照样"能够了解自己的权利；公正、有序地行使其所获得的权利；审慎地选择那些他认为可以授权的信托人"。但是，对于幸福的追求来说，自由教育却是必要条件（尽管并非充分条件），或者说比任何其他事情看上去都更接近必要条件。简而言之，自由教育并不是为随便什么生活而准备的，而是为美好生活而准备的。拥有美好生活的机会在我们所在的这个国家并不只是一个奢望而已——事实上，它是一种权利。

63

# 第二章　传统

## 传统的发展

### 传统是由哪些元素构成的

　　我所指的传统既不是古老的习俗也不是最近的常规，既不是人类社群沉淀下来的智慧也不是十分顽固的习惯。这意味着我要从一系列著作开始。

　　传统的可能性因此依靠人工记忆的存在，依靠把人类想象的创造和智力的发现在外部储存起来的方式方法："知识的甘露……如果不能保存在书籍中、传统中、会议里或者诸如大学、学院和中小学校这类特定的地方，在那里进行收集和扩展，那么同样也会很快消亡得无影无踪的。"（培根，《学术的进步》，II，序言，3）写作，也就是写下一个个由字母组成的单词，本质上是一种保存知识的主要手段，这种手段之所以可行，是因为人类的思想通过这些单词可以作为声音显现出来这样一个令人惊叹的事实。除了文字，还有数学符号、音乐乐谱、插图、图表、模型和画面，上述这些表意手段当中的每一种都建立在这个世界的某些可理解性的基础上。① 传统的外部特性本身是极其重要的，因为这意味着传统不仅从物质上会消亡，而且——这一点更成问题——它在物理上虽然存在，但是却悬置在那儿，处于一种尚未被确定的存在状态。柏拉图在《斐德罗篇》中阐明了这一严重的危险。他通过一个寓言故事，对写作的发明所带来的好处表示怀疑，认为写作更像是一种"记忆和智慧的毒药"（274e）。柏拉图的对话录事实上一直在试图警示大家不要学习哲学"专著"，也就是那种在没有任何外部人士参与的前提下以一种专断式的手法来处理一个预设问题的做法。当然，不能否认的是，他的对话录本身也是一种写作。事实上，即便那种流传千年的秘传式的"不成文教义"（*agrapha dogmata*）也是针对那些成文的秘传式传统来界定的。

我之所以用传统来指代这个书本世界，是因为在人们以最热诚的态度来关心其建立及其所提供的服务，关心对文本的复制、校对、修订、编辑和解读的时候，他们对 *tradere* 这一动词，即"传承"，所使用的是其字面意思，而且会经常使用。例如，人文主义学者富吉利奥曾经写道：

> 文学的丰碑通常而言是非常有价值的，对于保存古人的

---

① 请参见一些小小的案例：柏拉图在《蒂迈欧篇》中以一种欢快的语调揭示出了榜样塑造（并不一定是由苏格拉底来塑造）的基础；Nicole Oresme 在 14 世纪发表的 *Treatise on the Uniformity and Difformity of Intensions* 中展示了物理学图表的起源。笛卡尔的《思想方向的规则》（*Rules for the Direction of the Mind*）讨论的是如何用数学理论来表达物理特征的问题；*The Scientific Papers of James Clark Maxwell*（New York：Dover Press，1965），pp. 647 ff. 中标题为《图表》的那篇文章对物理学不同的图表进行了深入的研究和归类。

记忆尤其必不可少……我们人的记忆，以及从一个人传递到
另一个人那里的东西，会逐渐变得模糊不清，很少能比一个人
的寿命更长。只有寄存在书本中的那些东西方能永久地保留
在世上，当然，除了书本之外，能够起到类似作用的可能还有
画作，或者大理石雕像，或者金属塑像……但是，经由文字流
传下来的（traditur）内容不仅展示了我们人类究竟做过些什
么，而且还能记录大家相互之间的交流，也能展示人类的省
思。要是人的言说有价值，那么只要转成文字，大量流通，那
么它们就不会轻易消失。①

《论良好的品德和年轻人的学习》，ca. 1400

　　我在这里所讨论的传统，具体而言，就是西方的书籍，包括古
代、中世纪和现代的，但是不包括后《圣经》年代的犹太和阿拉伯著
作——这是一个重大的缺失——这一切需要归咎于我在这些方面
的无知，也因为当下想要接触到它们并不是件容易的事。出于同
样的原因，我也不会在本书中引用到涉及东方学术领域的参考资
料。按照我试图构建的讨论框架，我甚至不清楚它是否算得上是
形成了一种我试图界定的传统。因为，以书为载体的西方文化作
为一种传承的显著特征是它可以通过学习而获得。也就是说，这
种传统是经由对智力和理智的固定性、阶段性运用获得的，这种运
用的过程有别于俗世的事务。因此，传统要么在那些"休闲场所"

① Eugenio Garin, *Geschichte und Dokumente der abendlaendischen Paedagogik*,
　Ursula Schwerin, ed. (Hamburg: Rowohlt, 1966), 2: 193.

即学校（英文 school，源自古希腊语的 *scholē*，即 *leisure*——"闲暇"）里得以制度化，要么在一种私密的闲暇世界里孤立地得以完成。更进一步，那些写在纸莎草、羊皮纸或者纸张上的书籍自身分量不重，随身携带毫不费力，这种简便性很显然不是那种通过某种特定"方法""用心牢记"的知识可以比拟的。西方通过出版所传播的知识（书籍）具有美妙的便携性：去往非洲热带丛林的人类学家完全可以随身带着洛克的书，一有需要就可以拿出来读上一段，开卷有益。① 我有一个印象，一个基于不那么完整的信息而形成的印象，那就是，在东方，知识的学习显然是不太可能通过这种非常随意的方法来完成的，更多是通过一种生活原则的训练——并不是激发个人的智力活力而更多的是培育个人的灵性，按照古希腊人的说法就是一种 *mathēsis* 而不是 *askēsis*。而且，反过来说，因为西方学习本质上并不是一种对灵性的培育，也不是一种生命的方式，而更多的是一种理论，这就需要一种持续不断的勃勃野心来将之变得更具实用性，当然这种野心也是问题重重。

同理而言，西方传统让人易于接触，也是显而易见、刻意而为之的。书籍的存在就是为了能够向外界进行自我解释，甚至（或者说尤其）是解释其中那些最难理解的知识。举例说，康德就在他的《纯粹理性批判》一书的序言中花了不少篇幅讨论该书的可理解性，他宣称他的作品能够符合那种凡写作必致力于让大家理解的标准。（A xvii）事实上，除了需要确保一定程度的表意不可穷尽性

---

① 可以参见 Elenore Smith Bowen 撰写的那本薄薄的人类学名著 *Return to Laughter*，ch. 2。

以及结构与形式上的优雅之外，表达的自足性一直是一本书是否能够真正被供奉为经典的评判标准。

这样看来，传统并不是凭空被吸收到的一种影响力，而是能够让人当下就很爽快地去直面的一组作品，不需要解释性的干预或者预先消化。

关于美国的文学界对其他群体所造成的影响，我觉得要借此机会给出一些试探性的评论，尽管我的整个探询和研究都在关注那样一个令人觉得尴尬的话题。与现在相比，培根在《论学习》一书中提到的那个观点似乎更受他那个时代的人的认同："凡有所学，皆成性格。"但是，即便大家一致认为书本对人的影响具有立竿见影的效果，其终极效果——书本对人的事务所起的到底是主动引导还是被动跟踪的作用仍然是一个值得质疑的问题。知识在改善世界的行动中所具有的力量，尽管有时被鄙视，但总是被追求，它是一个更深远的问题，对这个问题的最犀利的揭露来自柏拉图，他一针见血地指出，只有到了"政治力量和哲学能够协调一致、齐头并进"的时候，人类才能"彻底摆脱邪恶"（《理想国》，473d）。事实上，上述条件所涉及的最紧急的问题是如何通过教育来改造世界，这一问题我们已经触及了，但是还会再次思考。但是，关于上述知识的力量，除了要考虑人们对其结果的渴望之外，请允许我在这里提出且只提出两个极端重要的实例。第一个实例是，最具代表性的现代剧变（指法国大革命）的那个最睿智的观察家认为，是"文人墨客"的行动导致了那场动乱。（托克维尔，《旧制度与大革命》，III，1）第二个实例是，自由艺术与机械艺术的联姻，以技术的名义操纵着现代的人类生活。这些实例让西方的理论构建活动在影响和改变世界方面的力量变得无可争辩了——问题在于教育在触及和提升人类方面的效果如何。

这种传统之所以容易引发争论，恰恰是因为当它忠实于自身的时候，它的目标是宣讲真理，而不是培养心灵。它绝对不仅仅是一个单纯意义上的令人愉悦地代代相传的百宝库——*traditio* 的字面含义是双重的：传承与背叛。这种争论也不仅仅是是与非（*Sic et Non*）①的问题，即在一组命题的"是和否"两个选择之间徘徊不定、犹豫不决。传统有一个发展的过程，这样说是在一个说法当中捕捉到一个神秘点。因此，传统就有其开端——或者，从对立角度来说，它之所以获得发展是因为原来未曾发展过。在我看来，任何一个人，只要他倾情关注传统最初的呈现形式，就会意识到要将这些肇始因素解释清楚是很困难的——有人甚至可能说其中充满奇迹性——确实，正如整体的存在本身就内含了一种无法言说的天命的意味。

因而，第一个也是最早的西方诗人——很可能是最早一个拥有通过组合字母来写作这种特殊能力的人——在其长篇史诗中整合了此前所有的畅想。② 哲学界就有一个先辈，也就是被称为"（哲学之）父亲"的巴门尼德（柏拉图，《智者篇》，241 d），是他把存在（*being*）界定为后来被称为形而上学（*metaphysics*）的这门学问的主题。但是，荷马的长篇故事和系列诗篇则经久不息地被很多

---

① Abelard 著作的标题。该书主要内容包括了一些直到 12 世纪前半世纪时都尚未得到明确判定的关于神学论题的正反两方面的辩论观点。

② Moses I. Finley, *The World of Odysseus*（New York：The Viking Press，1965，rev.），p. 29.

人竞相转述和改编(再创作),包括埃斯库罗斯、维吉尔、拉辛和乔伊斯。而巴门尼德很早就有一个对手,即赫拉克利特,前者指责后者所提出的"存在和不存在是相同的"这一断言(碎片6),二人针对最初的也是最永久的形而上学问题展开过辩论。

而《圣经》这本人类历史上最卓越的著作之一,其本身就是一个开端,也起源于一个开端,它之所以变成《旧约》,是因为出现了另外一本书,即《新约》(保罗,《希伯来书》8:13),而《新约》存在的合法性依据则来自其先驱者。因此,基督教承前启后的整个传统都在高度关注新与旧之间的转换——新之肇始亦是旧之圆满。

因此,如果以深具毒害性的视角对传统加以短暂观照的话,那么,传统作为连续性和概念性的原生质的一部分,一旦开始的话,其本身就表现出运动的原则,该原则既是一种连续性原则也是一种选择性原则,两者不分上下。一个传统的开端一旦完成了,每一个贡献者就在传统的基础上不断成长壮大。基督教的创始者年方12岁即端坐于犹太教祭司丛中;新教的创始者本身即一名教士;现代物理学的创始者则是亚里士多德的私淑弟子。但是,在心心念念想要超越甚至取代他的前人和对立者的时候,每个新生代总会纪念作为对手的前辈,比任何别的评论者都慷慨地承认、肯定乃至赞美这位前辈。

在传统内部,还存在很多久久未解决的议题,这些议题与传承本身、与特定问题密切相关:到底哪些构成部分才值得好好保存并且传授给后代,哪些应该被严格控制或者取而代之。其中一个议题就是哲学和诗歌之间的"古老争论"——在这场争论中,哲学通常是那个大吵大闹的激进分子(柏拉图,《理想国》,X 607 b;普鲁塔克,《如何学习诗歌》),这样的分别后来被演变为事实和虚构之间的对立。另外一个议题是哲学和信仰之间的对立,其中信仰是实施攻击的一方,诸如"一定要小心有人想要用哲学来玷污你的心灵"(保罗,《歌罗西书》2：8)。同样的,这一争斗的本质是理性和启示之间的对立(斯宾诺莎的《神学政治论》以一种巧妙的方式隐晦地表达了他对理性的支持),是理性和权威之间的对立,是旧科学和新科学之间的对立(正如伽利略的著作名,以及维科的《新科学》和培根的《新工具》所展示出的那样)。更重要的是古代人和现代人之间的争论(斯威夫特在《书本之争挟持着星期五》一文中对此有过生动的刻画,这场斗争的最终结果始终是一个悬疑,因为其手稿缺失了)。就我本书的目的而言,我认为,如果人类哪一天不再进行这样的对抗了,那么西方的传统就会终结。正是这样一些看似荒诞不经的争辩不但推动着传统向前发展,而且持续不断地收集并汇聚着传统。

### 对待传统的不同立场

人们对传统遗产所持的立场通常在两个极端之间变动,一端视之为一张可以随意描画的白板,一端视之为必须表现得毕恭毕敬的宗教。① 有一部分人希望能够制造出或者特别崇拜一块干干净净、空无一物的白板,希望存在一种绝对新鲜甚至可以称得上是

---

① Ernst Robert Curtius, *Europaeische Literatur und Lateinisches Mittelalter* (Bern: Francke Verlag, 1948), p. 397. 本书对西方文学传统及其相关术语进行了引人入胜的讨论和分析。

原始、野生的开端,而其他一部分人则言行一致、一丝不苟地遵循经典的文本,绝不做丝毫更改和变动。这样两个立场都具有可行性,千百年来各有各的践行者。当年的罗马人,尽管自己栖居的城市被野蛮民族用暴力摧毁,但他们对历史上那些野蛮人所表现出的活力和德行却抱持一种仰慕甚至效仿的态度,反倒是那些野蛮人因为突然坐拥一堆价值连城的宝物而诚惶诚恐。面对我们当中科学领域的新野蛮人所表现出来的聪明才智,我们自己也同样心安理得地加以崇拜。(当然,真正原始的艺术作品,更多的是极脆弱、极纤细的物品,我们只是加以研究就会造成破坏。)[1]在另一方面,对待传统的宗教般虔诚的态度也不宜弱化以致消失。传统既可以作为文明的稳固模式来发挥作用,也可以对那些以极致的简洁性著称的知识进行某种平静的自我扩展的提炼。我在脑海中开始回想一些有关教学和学习的较为中和也较能自圆其说的中世纪著述,例如,有一位教师曾经这么对他的学生说:

　　那么,现在,让我展示你们一直在不断寻找的知识。真心希望你们能够永远像现在接触到这些知识时那样好奇,那样充满热情地去攀登知识的山峰:语法、修辞学、辩证法、算术、几何、音乐和天文学。无论是日常闲暇还是在工作时间,哲学家们都会随时随地用这些知识来武装自己。正是因为掌握了这些知识,他们才能比一般的执政官更卓越,比国王更受人仰慕;也是因

---

[1]　Claude Lévi-Strauss, *Tristes Tropiques* (New York: Atheneum, 1975), pp. 37 ff.

为掌握了这些知识，他们才会在永远的纪念中被不断地赞美。[1]

阿尔昆，《语法》，约 800 年

位于上述两个不无问题的极端立场之间的是其他一些立场。

在开始——陈述这些立场之前，我应该首先给大家介绍一下 70
五个不同的概念。我需要向大家坦陈的是，跟任何一个人为构造
出来的概念一样，这五个概念在实际运作时都具有令人憎恶的特
征：原创、成典、翻新、摈弃和泛滥。

这些概念和人类对世界分期或者人类思想史的常规界定大略
可以一一对应，其中有一些说法事实上也是基于传统的主流立场
来命名的：古代、古代晚期和中世纪、文艺复兴、理智和启蒙时代，
以及当下的现代。

把这样的分类当作任何时代（历史阶段）的精确描述事实上都
是毫无价值的，这不仅仅是因为它这种描述在本质上是有悖于人
们致力于提炼"每个时代的思想"的愿望，更在于这样一种过于个
体化的定性所能捕捉到的恰恰是无思想的思想，即主流的意见。
而且，两者之间的契合也不够精准：就在古希腊时代，在传统的原
创时期，那些"望之俨然"的古代人就完全不同于夸夸其谈的现代
人（参见阿里斯托芬的《青蛙》以及埃斯库罗斯和欧里庇得斯的作
品）。到了中世纪，也就是成典时代，同时冒出来了那么多令后来
的历史学家们坐立不安的显而易见的复兴现象[2]，以及毫不遮掩

---

[1] Garin，I，102.

[2] Curtius，p. 260，n. 2.

的反叛思潮。"那些老态龙钟的驴子们究竟想要什么？他为何要给我们灌输这么多古代人的所言所行？我们自己也有我们自己的知识。我们这样的年轻人怎么可能承认这些古人！"11世纪时，来自索尔兹伯里的约翰曾经如此哀叹道。① 而文艺复兴时代则冒出了很多古代著作的新版本，旧版本因此纷纷被弃诸脑后，制造各种经典，并且不断修正旧著，发展成为一场轰轰烈烈的运动。在这样一个时代，充斥人们脑海的是一份又一份"伟大作品"的名单（维维斯，《学习是如何得以传播的》，I, vi）②。而就在那个声势巨大的摈弃时代，即便是在启蒙运动的领导人中间我们也看到了竭力维护经典式学习的人的身影（请看狄德罗的《大学计划》）③。而且，最后，正是在我们当下这个时代，当传统差不多已经被彻底淹没在历史的泥沼中的时候，我们还是能够发现试图重新恢复诗歌和哲学传统荣光的矢志不渝的努力——即便仅仅是把前者（诗歌）作为恶搞的素材，"以早就丧失生命力的形式来编写魔幻剧"（托马斯·曼，《浮士德博士》，ch. XXV），以及对后者（哲学）的重新诠释导致了其终极毁灭（海德格尔，《存在与时间》，ch. II, 6）。

71　　　尽管我采用的这些说法恰到好处地指出了一种可能的立场，但是很显然，它们除了以一种极为粗疏的方式来捕捉历史流变以外，并无其他作用。下面让我详细地解释一下。

---

① Curtius，p. 63.

② Garin，III，8 ff.

③ *French Liberalism and Education in the Eighteenth Century*：*The Writings of La Chalotais*，*Turgot*，*Diderot*，*and Condorcet on National Education*，F. de la Fontainerie，trans.（New York：Burt Franklin，reprint，1971）.

首先是"原创"。从当下的视角来看，真正能够体现原创这一情形的核心特征的应该是这样一个事实：希腊人自己因为身处其中，所以在阅读自己的经典时很显然不需要学习外语或者通过翻译，因此他们年轻人所受到的教育通常并不包含语言学习。事实上，据我所知，还没有哪个希腊作者承认过自己会使用野蛮人的低俗语言。诸如富兰克林等美国教育革新家们就总是喜欢引用这一关于希腊人的事实来印证他们自己的观点，对于他们来说，语言学习确实是教育领域的一个重要议题。而昆体良（I,i,12）则建议罗马学生将希腊语作为首要掌握的语言，原因有二：一是因为拉丁语学习被视为希腊语的派生现象，二是拉丁语按道理能够自然地学会。人文主义教育家们则发现，这样的语言学习顺序是非常不切实际的，因为随着地方方言逐渐变成官方的合法语言，拉丁语本身就演变成了一种需要通过特定学习才能掌握的语言。这一过程发展到最后，到了现代，我们的母语也变成了需要通过学校学习才能掌握的一种知识，学校教母语这一安排多多少少需要归功于洛克。而今，希腊语退后到了第三位，这么说的前提还得是学校仍然愿意传授这门知识（尽管最早的语言学习顺序之所以能存续下来，是因为该顺序是作为特殊的教学安排来对待的——约翰·斯图尔特·密尔的父亲在他三岁的时候就让他接受希腊语学习，比拉丁语学习提前了整整五年）。①

---

① Franklin，"Proposals Relating to the Education of Youth in Pennsylvania," n. 13, in *Benjamin Franklin on Education*，Classics in Education no. 14，p. 140；J. S. Mill, *Autobiography*. 针对一开始就学习希腊语的不实用性进行过研究的人文学者，请参见 Battista Guarino, "On the Order of Teaching and （转下页）

　　事实上，和后来的读者相比，古代人能够更直接地与其经典作品之间形成紧密关联，这种关联不仅仅体现在语言的表面。那些在我们现代人当中依然很有影响力的作者，显然从未让我们有过任何疏离感。时光的流逝从来就不是历史的本质：荷马史诗中那些令人心旌摇荡的故事的发生年代比伯利克里建造雅典城早了七百多年，比荷马自己所处的年代也要早 250 年。但是，无论是那时还是现在，荷马都是当之无愧的学院作者，他的身上没有一丝一毫的陈腐气，也没有人会觉得他是故纸堆里的腐朽物。当然，关于荷马难免会有争论——这种争论存在于诗人和诗人之间、诗人和哲学家之间，以及哲学家和诡辩家之间。人文艺术研究一直被贬斥为不适合培养能够担当公共事务职责的人才（伊索克拉底，《演说词》，262），但是，就我所知，有史以来还从来没有哪个主要作家是因为无价值而被抛弃的。因此，对待传统的第一个立场所体现的恰恰就是一种即时性。（由于需要努力发挥想象力，因此我甚至都不打算提及这样一个问题：在传统的一些奠基性作品诞生之际，作为一个同时代人发挥了什么样的推动作用，在没有书面文本的情况下，其听觉感受如何，接受度如何，就像古希腊阿蒂卡的观众所擅长做的那样。）

---

（接上页）Study 3，" in *Vittorino de Feltre and Other Humanist Educators*，*Classics in Education* no. 18，William Harrison Woodward，ed.（1963），p. 167。关于英语语言学习，请参见 *Richard Mulcaster's Positions*，para. 51，*Classics in Education* no. 44，Richard DeMolen，ed.（1971），p. 61。还可参见 *The Educational Writings of John Locke*，James L. Axtell，ed.（Cambridge：The University Press，1968），p. 189。

其次是"成典"。在古代晚期，即 5、6、7 世纪，经典的百科全书式教育纲要应运而生，不仅确立了自由艺术（就是上文引用过的阿尔昆所列举的所有学科）的名称、数量以及相互关系，而且还致力于向所有人传播这些知识。这些知识具有固定、明确、易得这样的特性，在广泛的意义上哲学被当作与这些知识具有同样的覆盖范围。这样一些作品中，最值得关注的包括马尔提雅努斯·卡佩拉的《语文学与墨丘利的结合》（约 425 年），该书引用了大量昆体良的作品和曾经失传的瓦罗的作品，可以称得上完美的巴洛克式的寓言故事，最终成为中世纪最主要的教材；还有波埃修撰写的介绍"四艺"（*quadrivium*）的论文，他是这一说法的开创者（在 6 世纪早期；而"三艺"*trivium* 这个说法的出现则要到 9 世纪），以及卡西奥多鲁斯的《圣俗学识指导》（6 世纪）。[1]

在理性艺术的"三条道路"（*trivium*）和数学艺术的"四条道路"（*quadrivium*）之间，以及说话的艺术和事物的艺术之间，有一条具有决定性的分界线，而今这条线被进一步强化了。文艺复兴时代的人文学者们把三艺看作文学形式的人文主义，反对将其作为神圣的知识，从而把三艺引入现代性当中。接下来，当对自然的学习逐步走到前台的时候，中世纪的分界则开始表现出其现代性的一面，形成了我们熟知的人文学科和自然科学之分。两者之间

---

[1] 关于 Capella，参见 William Harris Stahl, *Martianus Capella and the Seven Liberal Arts* (New York: Columbia University Press, 1971)，I。关于 trivium，参见 Curtius, p. 47。还需要另外提到一本书：Isidore of Seville, *Etymologies or Origins*（约 7 世纪）。

针尖对麦芒的对抗,最早由维科在其名为《我们时代的理性学习》一文中首先加以诠释,这是非常标准的现代诠释,旨在捍卫人文学科,抵御用笛卡尔的哲学方法论即应用代数来理解自然的侵袭。但是,到了中世纪,艺术迎来了蓬勃发展的黄金时代,人性表达的艺术想要捍卫的已经不再是四艺本身了——这是一个不可思议的主张——而是反对这样一个观点,那就是,人可能因为天赋而不是勤奋和努力来掌握四艺。这种想法是来自索尔兹伯里的约翰在《元逻辑》中所提议的,这是所有针对三艺的辩护中最有力的一种辩护。直到现代时期,这些微不足道的艺术中仍有这门或那门学科是所有主流的学习计划中的世俗目标:修辞学——口才——是为担任公共事务职责的人专门准备的;逻辑知识则是为教育工作者准备的;语法(字面含义指文学)则是为人文学者而准备的。

百科全书式的艺术与哲学的对接逐渐退缩下去,人们发现,艺术"不能充分地划分理论层面的哲学"。托马斯·阿奎如是判决这些艺术,就像当年对柏拉图和亚里士多德那样,艺术只不过是一种辅助手段,是通往物理学即自然科学和神学这样的高级科学的道路。① 相应地,在大学里,法律、医学和神学教授们和艺术教授们并肩而立。

写出经典作品的作家(auctores),即那些真正被人们奉为权威(auctoritas)的作者,只是顺带地关注一下艺术。一个特定的作

---

① Saint Thomas Aquinas, *The Division and Methods of the Sciences*, *Questions V and VI of His Commentary on the* De Trinitate *of Boethius*, Armand Maurer, ed. (Toronto: The Pontifical Institute of Medieval Studies, 1963), p. 11, Qu. V, Art. 1, Replay to 3. 还可参见 Hugo St. Victor, Garin, I, 188。

者,早期可能能被大家记住的只有他的名字,而他"对艺术一言未发"(希尔绍的康拉德,约 1100 年)。① 也就是说,整个知识世界完全被固着在事物上,而这些作者只不过是给大家提供了一个方便的文本而已。这些作者的原创性和权威性最终能够得以恢复,标志着在这个一切都被固化了的世界上仍有东西在剧烈地发酵。

再来看"翻新"。该立场可以用 *Renovatio*(重建、更新)这个词来表述,其最具代表性的历史时期是文艺复兴。正是在这样一个"文字复活"年代,传统通过学者们对文本的大力研究重新焕发了生机。大学开始教希腊语,举例来说,托马斯·摩尔就曾经给牛津大学教务处投递了一份长信,为希腊语的学习竭力辩护,并敦促学校考虑重新开设希腊语课程(1518 年 3 月 29 日)。更有甚者,社会上各色人等纷纷学习希腊语,哪怕自己已经垂垂老矣——高康大就曾经给他的孩子庞大固埃写过一封充满爱意的长信,竭力推荐希腊语这门新学科,在信中他还承认,自己尽管已近风烛残年,但仍在花时间学习这门语言(II,8)。希腊语的复兴或者别的任何复兴自有其创造性的精神,最能体现这种精神的是其早期倡导者彼特拉克,他率先传播了这种复兴的特殊意义。他说,古人和现代人就像是父与子,在每一个细节上都不一样,但是"似乎有一种阴影,一种被画家称为氛围的东西"是他们的共同之处。接着,他简短但却提纲挈领地揭示出了文艺复兴的创造原则,即"在文本的刺激下实现自我繁衍"(*Epistolares Familiares*)。历史上每一次类似的令人激动莫名的历史阶段,哪怕是在其最辉煌的时刻也总会让人

74

---

① Garin, I, 21,155.

心生恐惧，导致其衰落的往往是模仿成风、卖弄学问和形式主义——简而言之，这是另一种形式的墨守成规（经院主义）。在我看来，传统若想要维持其旺盛的生命力，翻新是最重要的方式，而且我也认为，我们非常习惯于发挥这种能力，除此之外似乎也别无所长。

再看"摈弃"。在培根的《学术的进步》一书中，我们可以清晰地看到这一立场在现代是如何起源的。该书以深层次规划出来的体系、未来感十足的机智以及冷静平衡的理性思维使得在其后面世的所有作品都相形见绌。正是在被当时的人们称为"理性时代"和"启蒙运动"①的历史时期，这本书一路飙升，最终成为前无古人后无来者的经典巨著。我会在下一个章节中对美国在这个特殊时期的状况进行更深入的探讨。但是现在，传统被彻底当成了一个明晃晃的靶子，遭遇到了猛烈而颇见成效的攻击。人们更倾向于倡导知识的进步和传播——进步和传播成了新的关键词，而知识的传承或者传统失效了，失信了。学习社群也不得不让位于研究机构——培根在《新亚特兰蒂斯》中将后者奉为楷模。

接下来，请允许我详细勾勒一下这一模式的三种特征，在我看来它们确实特色分明。

首先，在古代和现代之间一直存在着的对立和争辩，如今已成强弩之末，一个终极的决定呼之欲出。现代性彻底占了上风。现

---

① 举例来说，如托马斯·潘恩的《理智年代》（*Age of Reason*）。启蒙（enlighten）也是杰斐逊个人非常偏爱的动词之一。

代（*modern*）这个词可以追溯到 6 世纪①，是根据 *modo*（就在当下）造出来的。当下性或当代性（同时代性），是一个俗世主义和科学相结合的创造性的综合体，无论是其关注的重点还是其所拥有的能力都更契合当下这个世界——这里的"当下"包含各种意义——这样一种状态和特性脱颖而出。现代人总觉得自己在顺应世界方面比古人要聪明得多，诸如"时间上的远古性意味着世俗方面的不成熟性——这些年代都是古老的时代，当时的世界是古老的世界，不是我们自身向后推算的古代"（培根，《学术的进步》I, v, 1）。随着时间的推移，自然会浮现某种轻微的破坏行为。马勒伯朗士曾经这样说："对于一个生活在当下的人来说，知道一个名叫亚里士多德的人是否真的存在过，这件事本身是毫无用处的。"（《真理的探索》）但总体而言，这些现代作者在看待古人时所表现出来的态度基本上可以用一种严肃而负责任的优越感来形容。

　　摈弃立场的第二个特征是那个固有观念终于取得了压倒性的胜利：*res non verba*，即"事物，而不是词语"②。这体现出了对书本学习的反感，对作为概念和表达的词语的反感，而倾向于活生生的、真正"关乎事物"的观念。从学习的角度而言，这意味着年轻人应该"接受多种科学知识的熏陶……以及其他可以归入感觉的有

75

---

① Curtius，p. 259.

② 例如 Comenius，*The Great Didactic*，*Classics in Education* no. 33，6 and 45，pp. 68，87。Milton 的论文所致意的对象 Hartlip 就是 Comenius（夸美纽斯）的教学法理论的积极倡导者。

关事物的知识组成部分……基于此,如果我们能够找到真正的方向,那么我们的知识就应该由此开始……而不是被纳入逻辑和形而上学的抽象王国里去"(洛克,《教育漫话》,166)。因此,所有的文本都是对工具的补充,甚至会被工具替代掉:"确实,对许多科学尤其是自然哲学和医学所进行的深入而富有成果的操作性研究,所需要的工具不只是书本……我们大家都看到还需要天体仪、地球仪、观测仪、地图等类似的辅助手段。"(培根,《学术的进步》,II,前言,10)与此同时,人们开始将攻击的矛头指向让孩子们过早、过长时间地学习拉丁语和希腊语这种做法,而且,这样的攻击一开始并非来自对古代学问深恶痛绝的人,因为弥尔顿就一直认为语言本身也是为真实事物服务的:"语言除了作为传达那些值得人们了解的事物的工具之外别无他用。"(《论教育》)事实上,当时有很多人这样怪罪所有的"语言知识",称其"给这个世界增添了不少聒噪声",不止如此,它还占用了人们本该用来学习真正有用的事物的宝贵时间。[1] 对于百科全书(*encyclopedia*)这个词的使用也发生了很多变化,这值得人们深思——它早就不像在古代时期那样意味着以哲学理念为基础而确立的当下的全部人文艺术,而更多是关于世俗知识的全面的入门内容(考美纽斯就持这种看法,他本身就是"学习事物而不是学习词语"这一教学理念的坚定拥趸)。这个词经由狄德罗的努力,最终缩略为"科学、艺术和商业的理性知

---

[1] Allen G. Debus, *Science and Education in the Seventeenth Century*; *The Webster-Ward Debate* (New York: American Elsevier Publishing Company, 1970), p. 103.

识词典"(达朗贝尔,《狄德罗百科全书初论》)。

上述特征一直表现出一种保守的倾向,最终导致了确实令人
震惊的现象,那就是,对学术发动恶意攻击的人竟然是有学问的人
自己。卢梭写过题为《对第戎学院提出的问题的讨论:对科学和
艺术的重建真的能够让我们的道德得到净化吗?》的论文,其中给
出了虽然曲尽其妙但依然是否定的答案,这一切让我们看到了这
种不敢坦率直面但却极具破坏性的影响。而在那首代表了德国国
民特色的长诗中,那段所有人都烂熟于心的诗句,能让我们感知到
魔鬼崇拜式的轻浮和粗鄙:

> 如今,唉!
>
> 哲学、法学和医学,
>
> 遗憾还有神学,我全已努力钻研。
>
> 可到头来仍是个傻瓜,
>
> 并未比当初聪明半点!
>
> 歌德,《浮士德》①

这些作品对知识和学习的传统极尽谴责之能事,指责它一
方面造成道德沦丧,另一方面榨干了人们的激情。② 尽管不得
不承认这些作品的写作技巧确实非常精湛,但是细读下去总觉得

---

① 引用自杨武能译本。

② 对学习本身尝试性的又带有很强罗曼蒂克精神的攻击的本意是试图表达一种
对经院式学习的蔑视,参见笛卡尔的《方法论》(*Discoursed on Method*,I)。

它们为了彻底摈弃传统而不得不套用一些极为拙劣的说辞。在我看来,这些欧洲人对学习的背离和反叛,和美国本土发生的类似趋势还是存在显著差异的。后者起而反对学习传统,至少要等到美国本土经历短暂的欧洲化的 20 世纪 60 年代,而且反对者主要是长期存在的那条"大卫·克洛科特界线"上的平权主义者,他们包括宗教人士、市侩和自以为是的平权主义者。[1] 我之所以会在这里提到这一点,是因为这一反智倾向在美国教育历史上确实扮演了一个非常重要但又并不总是不健康的超越传统的角色。

摈弃这一模式的第三个要素就是权威的地位彻底让位给了实证,这一点我会在本书最后一章中加以更直接的探询。这一方面的代表性观点是:"让那些伟大的创造者保有他们应有的光荣与梦想,而时间作为创造者的创造者也保有他们的光荣与梦想不被剥夺,不断前行,发现真理。"(培根,《学术的进步》,I,iv,12)在这里我所说的权威绝不是指成典时期强行让人相信的断言(况且,这一点还从来没有像之后的"大战风车"之士们假扮出来的那么愚昧自得)。相反,我真正想要表达的是一种对久经历史考验之后留存下来的文本的真心尊崇,这种心情部分是源于对愿意花力气保护这些文本的社会共识的尊重,部分是一种朴素真切的愿望,希望这些文本中确实有不少话语是能够给我们传递不少人生智慧的。至于实证这一模式,从另一方面来看,主要是这样一种期待:期待实际

[1] Richard Hofstadter, *Anti-Intellectualism in American Life* (New York: Alfred A. Knopf, 1964), p. 165.

的事物能够证明言语有误,我们每个人都需要时刻做好准备,靠自己的力量及时地形成判断、做出决策,哪怕这样做需要遵循理智判断进行自我克制。

同样,在对反教权论立场的激烈而连续的抨击中,确实存在着难以避免的认知偏差。例如,那个一向保持平和心态、不提倡暴力对抗的杰斐逊,在他最后一次和公众的交流中,在表达了自己无法参与在华盛顿举办的庆祝《独立宣言》50周年活动的遗憾之情之后,努力把革命者描述为这样的人:他们"彻底冲破了一直束缚他们的锁链,在这一锁链之下,无知而迷信的僧侣们极尽洗脑之能事"。这种束缚是有后果的,这种后果是美国的教育所不得不面对的。

上述三种特征都能在培根、洛克和牛顿(杰斐逊所言"整个世界曾经创造出来的由这三个最伟大的人结合而成的三位一体……仅此一例,别无例外")身上以及他们思想的法国诠释者(那些更可能是杰斐逊曾经仔细研究过的,或者至少是他在晚年时期研究过的)身上体现出来。正是这些人"为在自然和道德科学领域所确立的超级结构奠定了基础"[1]。如果再把笛卡尔算进来,那么他们确实可以在很大程度上被视为现代性的核心奠基人;而且照现在的发展趋势来看,他们算得上是美国传统中的摈弃立场的具体思想来源。

---

[1] Dumas Malone, *Jefferson and the Rights of Man*; *Jefferson and His Time* (Boston: Little, Brown and Company, 1951), II, 211, 287.

最后谈一谈"泛滥"。在传统这个话题上，考虑到我们美国自己所处的情境，我只对众所周知的情况进行概括。首先，无论是就内容数量还是传播力度而言，传统都被淹没在反传统的汪洋大海之中，反传统的力量一直有意或无意地试图取代传统。或者应该采用一种更精确的说法，那就是传统本身也总是难以为继。不管怎么说，基于这样一种环境，长久未衰的遴选和确认原则变得不再有效了，即便在个人判断的私域中，要想让传统延续下去也接近不可能了。雪上加霜的是，在一个半世纪之前，所有曾经被奉为经典的著作都在宣告西方传统的终结——可以说是功德圆满的不朽，也可以说是万劫不复的灾难。也因此，我们完全可以据此断定，这些所谓的"经典"最终不得不被人们小心翼翼地单列为残存样品，将之收藏在那艘方舟中，任其在水面上漂浮，任由几个骨干成员对其"勉力做工"而不是认真阅读。对于公众来说，其所获得的最多不过是殖民时代留下的遗迹，虽然昂贵但并不受待见，这样的遗迹有时是在东部城市的商务大楼的基座底部发现的。与此同时，尽管当代作品产量惊人，但其所呈现出来的品质可能有所下降，与数量不成正比。这些作品相互消减，而不是相互辉映。即便是那些最值得关注的作品，其技术性也太强了，很难与普通人形成共鸣，而且总是处于被删减的过程中。对于学习来说，数量的多少是一个重要的影响因素，但是，让骆驼穿过针眼也比把所有的"信息"都纳入智慧殿堂要容易。

其次，有一种几乎放之四海而皆准的看法，那就是，我们自身所生活的这个时代已经不仅仅是一个总是会发生不寻常变化的时代——那这样的看法至今已经延续了五百多年了——而是一个连变化本身都在不断变化的时代，一个指数级变化的时代，用更具技术性的语言来说，这种变化导致变化的速率相对于先前变化的累积结果也在成比例地变化。"生活和教育都是动态的"，而且"呈现出一种带加速度的变化"——这里引用的是汤因比的说法，是关于我们对自身的反省的惯常说法。这样一个看法在很大程度上是受到了第一要素的激发。何谓第一要素？就是我们自身所积累的丰厚传统。不仅数量上的增加被理解为质量上的变化，而且不断求新的迷幻也因为旧事物的快速消亡而得到强化——对于那些从未听说过往昔风尚的人来说，也总是没有听说过当下风尚。创新对于一个社会学家的意义，正如复兴对于历史学家的意义。因此，改变作为一个形式上的事实也成为事物的本质的一部分。在这样的情境下，有很多作品的撰写都是遵循复杂飞行器的维修手册的精神的——这些飞行器的电路会不停地过期，过一段时间会自动清除自身，它被刻意设计成快速失效的。谈及那些已成建制的传统，我们会发现"相关性"问题变得愈发严重了——尤其值得关注的是，这种关系的终极去向很少预先确定，这可能是因为在"逝者如斯"的快速变动中一切都很难确定。对于我们处在一个变革的时代这样一个观点，我在前文就已经提出过相反的看法，我认为我们人类已经被压缩得太厉害了，几乎无法产生真正的运动。而且我坚信，这一真相其实早就已经是公开的秘密了。

第三，在学术领域普遍存在着这样一种历史观，那就是历史会吸收传统，也就是说，历史被认为是"各种时代"的结合体，这些时代拥有决定性的超个人特征，该特征以社会或者精神的形式表达

79

自身。也因此,那些文本不再作为人类原始的意思表达而存在,而是成为用来证明"人类社会的知识和思想"或者"人类纪元的当下思想"的历史性证据。① 尼采曾经以他独有的文风酣畅淋漓地控诉过这种"历史病",指责其给年轻学子所造成的麻痹性的教育后果,导致年轻人不得不生活在"一个假文化当中,一种关于文化的知识当中"(《历史的用途与滥用》,VI)。学术领域总是更倾向于把传统当作不朽的标本来看待。

到现在,尽管泛滥已经成为我们自己不得不面对的现状,而且在我们当下的教育中扮演着一个绝对主导性的角色,在接下来的章节中我仍然将更多的篇幅聚焦于摈弃(而不是泛滥)这一立场。原因是我们所面临的大量悲惨事实存在于其中的那个形势,在很大程度上源于这样一个可以被预知,而且已经被预知了的后果,该后果是我们在美国早期刻意做出的选择,尤其是对传统所采取的回绝立场所造成的。换句话说,在当时的情境下,更有可能触及根源性问题——他们吹了点小风,到我们这儿变成大风(他们作小恶,我们受大罪)。

---

① "精神"(*Spirit*)这一概念在其刚发源之际,事实上偶尔也表现为对文本本身极为严肃认真的检视,目的是要尽可能恢复那个在开始针对一种理性的或者说是"构想出的"历史进行写作之前就必须拥有的精神(黑格尔《精神现象学》,第八章)。但是,那样一种深层次的、充满艰辛的也是有系统感的努力不久就堕落成了一种极为浅薄的历史主义。

引用自 Alfred North Whitehead, *The Aims of Education*, ch. 6 。文中提到的 Arnold Toynbee 的原文来自"Higher Education in a Time of Accelerating Change," *Campus* 1980, Alvin C. Eurich, ed. (New York: Delta Books, 1968), pp. xix - xxiv。

# 美国早期的传统和教育

## 经典学习和现代学习

探讨这个话题，最好从对杰斐逊自己的经典学习的回顾①开始，因为这段经历很自然地对他后来推广的教育计划产生了一定的影响，尽管这种学习算不上标准的经历，但也是发人深省的。它是古今之争的美国序列的示范性案例。教育方面的古今之争已经成了一个广泛争议的矛头，这一争议最早由洛克引发，后来一直生动活泼、精致优雅地持续不断——所有的主角都受过经典教育——贯穿了整个 18 世纪。（之后所发生的一切则越来越像是后卫的努力防守动作，梭罗在《瓦尔登湖》中的《阅读》一章是其中一个精彩的例子。）典型的争论问题是，关于古典语言和名家著作，是否应该学习；为了什么目的学习；哪些人应该学习；这样的学习是否能够培养出具有公共精神、能够服务于公众事务的精英人物，还是说只能培养出整天待在图书馆里的"陈腐的凡夫俗子"；这样的

80

---

① 接下来的章节中，绝大部分原文来自书信。所使用到的主要版本是 *The Papers of Thomas Jefferson*，I-，Julian P. Boyd，ed.（Princeton：Princeton University Press，1950 -  ）。比较完整的版本参见 Malone，*Jefferson the Virginian*；*Jefferson and His Time*，I，459 - 461。更出色的书信选择版本参见 Adrienne Koch，ed. ，*The American Enlightenment*，The American Epochs Series（New York：George Braziller，1965），pt. 3；Bernard Mayo，ed. ，*Jefferson Himself*（Charlottesville：University of Virginia Press，1970）；Saul K. Padover，ed. ，*A Jefferson Profile*（New York：The John Day Company，1956）。

学习是否真的能够被视作高尚精致的品位和优雅得体的口才的来源，还是说只能被视为实用智慧和经验性判断的来源；这样的学习是否只适用于那些致力于为公众和个人事业而奋斗的绅士，还是说也同样适用于正在崛起的商人的后代。关于所有这些话题的精华摘要，不妨去读一下福代斯的《教育对话》一书，该书在美国被奉为"值得特别尊重的经典"，富兰克林对之尤为推崇。①

　　这一问题中最具实用性的部分是学校中的古典语言学习。这也是杰斐逊非常关注的一个问题，终其一生，他一直醉心于经典学习，尽管他还只能算作一个业余人士，但是他阅读的覆盖范围绝对让绝大部分从事经典研究的现代学者的所谓专业主义相形见绌，后者本身是否真正专业其实也很值得怀疑。在他的著作中，有一段文字谈到了他极少会主动提起的父亲："比起蒲柏翻译的荷马史诗，不曾经过翻译的荷马史诗原文更让我沉醉，而无论是原文还是蒲柏的翻译，显然都超越了达瑞斯·伊里格俄斯对诗中同样事件的乏味描述，阅读荷马原文绝对是一种思无邪的欣赏和快乐。我全身心地感谢那个指导我早期学习的父亲，让我的一生能够拥有如此丰富多彩的快乐：我绝对不愿意用它来交换我当时所能获得的任何东西，以及之后我所获得的一切。"（《致普雷斯特利》，1800

---

① 关于经典在美国早期和杰斐逊一生中所扮演的角色，请参见 Richard M. Gummere, *The American Colonial Mind and the Classical Tradition* (Cambridge: Harvard University Press, 1963); Karl Lehman, *Thomas Jefferson, American Humanist* (Chicago: The University of Chicago Press, Midway Reprint, 1973)。书中引用到的 Fordyce 的原话来自 David Fordyce, *Dialogues Concerning Education* (Cork: Phineas and G. Bagnell, 1755)。

年 1 月 27 日)他还多次表达了他对荷马这位诗人的热爱之情,将他置于其他所有诗人之上:"我认为我们最终将会只留下荷马和维吉尔,甚至很可能只有荷马才会永垂不朽。"(《英语诗体学探讨》)好吧,荷马确实是经典教育制度下的必读书,如此钟情于他也不算是罕见,但是想想看,因为荷马而花那么多时间、那么多精力去阅读包括达瑞斯·伊里格俄斯和昆塔斯·斯米尔纳在内的模仿者的作品,那是怎样的一种狂热啊!

　　杰斐逊对外展现出来的形象更多的是一个对写作风格、翻译作品和发音体系颇有判断力的裁判,也是一个文本评论家,以及一个文本和术语的阐释者,这一切都显得自然而且恰当。举例说,就像歌德一样,他也曾经自己翻译和诠释《约翰福音》中出现的 *logos* 这一术语。①

　　他给很多人提出过很多建议,这些建议无论是给他的外甥皮特·卡尔(1785 年 8 月 10 日)的,还是给弗吉尼亚大学的历史教授们(1825 年 10 月 25 日)的,无一例外都提到过阅读文本,而且最好是原文"而不是译本",即便是历史著作也如此。更进一步,他还认为能够阅读大量原文著作这样的成就对于美国人来说尤其适合。他提出过一个让每个人听后都十分震惊的说法,那就是"我们国家

81

---

① 关于杰斐逊阅读了大量经典作品的证据,请参见 Gilbert Chinard, ed. , *The Literary Bible of Thomas Jefferson*, *His Commonplace Book of Philosophers and Poets* (Baltimore: The John Hopkins Press, 1928; reprint, New York: Greenwood Press, 1969),尤其值得一读的是 pp. 2,14,27,207。关于发音,请参见 Lehman, *Jefferson*, *Humanist*, p. 98. 对 logos 的解读,请参见理性 (reason)或(mind)(歌德《浮士德》1237),以及《致亚当斯》(1823 年 4 月 11 日)。对 Theognis 的诗歌的阐述请参见《致亚当斯》(1813 年 10 月 28 日)。

的农夫将会是世界上唯一能够阅读荷马的农夫"(《致克雷大科尔》,1787 年 1 月 15 日),而且他非常坚决地认为,那些受过教育的人都应该通晓荷马。"我听说,欧洲正准备彻底废弃学习希腊语和拉丁语。我并不很清楚这对于他们的精神风貌和职业发展的影响,但是,如果我们在这方面也仿效他们的话,那将是非常错误的决策。"(《关于弗吉尼亚的想法》,Qu. XIV)在我看来,这里他所提到的教学层面的原因,也许部分可以算得上是托词,但主要还是认为儿童不该被强迫过早地长大成人,在儿童时代这段特殊时期内,真正应该锻炼的是他们的记忆力而不是判断力,而这也是为什么更应该选择在这个时候学习希腊语和拉丁语。基于杰斐逊本人的观察,语言并不能被视为一种科学,但是可以算得上是"掌握科学知识的工具之一"。这一观点事实上回应了弥尔顿的看法。基础教育应该在很大程度上将历史作为第一门(对有些人来说可能是最后一门)课程——这里的历史包括了希腊史、罗马史、英国史和美国史(据《1779 年法案》)。历史本身也同样"是在锻炼人们的记忆力。这个过程中当然也需要借助思考和反省,但是还不需要在这方面耗费过多的心力"(《致托马斯·曼·兰道夫》,1786 年 8 月 27 日;这里可以参照对比洛克的《教育漫话》166)。等到孩子长到十五岁的时候,就应该开始第二轮更为严肃的原文阅读,需要大量阅读包括希罗多德、修昔底德和查士丁尼等人的著作。(《致卡尔》,1785 年 8 月 19 日)而一旦进入大学之后,希腊语和拉丁语的学习会得到进一步的加强,这时候阅读的范围就可以包括那些更具思辨性的作者,比如说苏埃托尼乌斯和塔西佗,而且还可以开始阅读一些专著和现代作者的作品。

这样看来,对古代历史的关注,其真正想要达到的目标是尽可能地阻止人们过早地进入《圣经》学习阶段。(《想法》,Qu. XIV)在学习尚处于"靠心"来进行的年纪,历史所蕴含的政治领域的教训可以完全取代对学生进行《圣经》宗教教义的灌输:"通过了解历史,知晓人类过往究竟发生了些什么,能够帮助人们更好地对未来做出判断。"(《想法》,Qu. XIV)通过教导学生们真切地认知到"人类堕落和沉沦的病毒因子",历史能够影响到当下和未来的发展。如果人类最终能够彻底战胜统治者的野心的话,那么历史就是一种可供选择的,完全是通过间接体验而感悟到的政治经验,是人类心灵中"必不可少、至关重要"的进步。从某种可疑的意义上来看,历史本身是一种有关共和国的学习。(美国早期作者中的一些人在推荐阅读名单时会非常直截了当地选取那些可以强化共和国感知的著作。)但是,这里真正值得强调的一个观点是,对历史更高层级的接触本身需要经由对古代语言的精通,因此后者很自然地就成了有关共和国的学习工具。①

与之相应的是,杰斐逊所一手制定的所有教育规划绝不会忽视经典领域的学习。他于 1779 年推出的《知识传播法案》以及和皮特·卡尔之间关于学校规划的信件往来(1814 年 9 月 7 日),都将希腊语和拉丁语的学习归入文法学校和普通学校(粗略说来就是中学和大学)中加以推广。在《石鱼口报告》中,这些课程被冠以弗吉尼亚大学的"入门通道"之名,杰斐逊还倡议为高阶希腊语、拉

82

① H. Trevor Colbourn, "Thomas Jefferson's Use of the Past," *The William and Mary Quarterly* 15(1958): 56 - 70.

丁语和希伯来语提供专职教授席位。

那么,概括而言,除了拥有阅读古代历史学家的著作这一能力之外,学习这些古典语言还有别的什么用处吗?[①] 约翰·布莱泽在回应一个哈佛拉丁语学者的质询时(1819 年 8 月 24 日)对这个问题给出了非常明确的答案:"我们从尚存于世的希腊语和拉丁语中所能够得到的裨益,首先,可以确保我们的写作风格能够体现出毫无杂质的纯粹品味。我们现代的所有作品,如果还能体现出既理性又简明的写作风格,那么就完全需要归功于这些古典语言的熏陶。"其次,"能够在阅读这些希腊和罗马作家的作品时感受到它们散发出的原始魅力所带来的无与伦比的奢华享受"——在这里,杰斐逊再一次地感谢了他的父亲,让他享受到这种"纯洁无瑕而又优雅高贵的奢华感",可以抚慰他在垂暮之年那颗几近厌世的心灵。第三,正是通过那些语言,"真正的科学知识得以储备并且有效地传输给我们":当然,除了语言之外,能够起到相同功用的还有历史,然后是伦理学,当然也包括数学和自然历史这类"实体"学科。

但是,即便是在他对这一问题进行详细阐释的时候,他最终还是并没有彻底触摸到问题本身。首先,希腊语和拉丁语被视为用来塑造写作风格的工具——好吧,或许我们可以承认理性地写作和经典的学习两者通常都会相伴而生,但是我个人的理解是这样的:那些认为语言学习是有价值的人大多本身就学习过希腊语和拉丁语。话虽如此,对于熟练掌握英语来说,经典的学习既不是充

---

[①] Norbert Sand, "The Classics in Jefferson's Theory of Education," *Classical Journal* 40, no. 2 (November 1944): 92–98.

分条件也不是必要条件。① 哪怕是优秀的语言学者,都可能会在
著作中写下鄙俗的方言土语,至于留下过千古名篇的作者中也有
人对拉丁语知之甚少,对希腊语知之更少,甚至会有意识地凸显拉
丁语和盎格鲁-撒克逊英语在遣词造句方面的巨大差异。我在这 83
里引用一个大家耳熟能详的例子:

> 不,恐怕我这一手的血
>
> 倒要把这一碧无垠的海水染成一片殷红呢。
>
> 《麦克白》,II,ii

　　而从未学过拉丁语的林肯就拥有这样的能力,比较一下他用
盎格鲁-撒克逊英语写就的葛底斯堡演说,与第一次总统就职演
说,就能看出这一差异。

　　从杰斐逊对这个问题的辩驳中我们隐约地可以追溯到历史上
那些人文主义源头,他们以相对隐晦的方式强调说,语言学习对于
心灵的塑造是裨益良多的。而洛克则完全站在这一观点的对立面
上,他提出了一个相反的观点,认为数学的学习才是可以被用来
"让我们的心灵彻底养成一种理性思维的习惯"(《人类理解论》,

---

① 在这里我很高兴我的观点能够在 20 世纪最伟大的古典学者豪斯曼(A. E.
　Housman)这里得到共鸣,他在无意间给出了一个非常精练但显然是经过深思
　熟虑的——结果也是不容置疑的——结论:古典语言对于那些能够顺畅地从中
　获益的人来说,有助于加强和完善他们的辨别力和鉴赏力,仅此而已。参见
　*Selected Prose* (Cambridge: University Press, 1961), "Introductory Lecture,"
　pp. 9 ff. 。

7）。这些认为某种培训会完善我们的头脑和心灵的看法并没有什么依据，最终却反而会降低这种学习的信用和价值，因为我们每个人都知道，就像经典学者并不总是能够被尊崇为文体家一样，数学家也并不总是更理性的人（尽管反过来说倒可能更容易成立）。当然，学习拉丁语和希腊语确实有可能压制一下我们人性中的野蛮倾向，但是，如果这就是我们从这种学习中能够得到的仅有的细枝末节的好处的话，那么我们显然可以充满自信地让勤勉劳作的人们放弃学习这些"死了的"语言。

在我看来，对于经典研究，至少对于在知识界保存某些关于古典语言的知识，我们还是能够找到更强有力的支持理由的。实际上，我们自己在说话的时候所使用的语言中始终夹杂着希腊语和拉丁语，只不过我们自己并没有意识到这一事实而已。但是，随着我们能够接触到这些语言的机会越来越少，我们的言谈也开始面临某些窘境，很多时候不知道该如何精确地表达那些想要表达的意思。光是靠翻寻字典来找出合适的语词，很显然是不能奏效的，因为词源本身如果不放在一定的语境中也会丧失生命力。而现在这些残存的语义正以某种潜滋暗长的力量在束缚和削弱我们的思维能力。这至少是在一定程度上解释了托克维尔给他书中的一个章节命名为"为什么在民主社会里研究希腊和拉丁文学特别有用"（《论美国的民主》，II，bk. 1，xv）的原因。正如他自己所说的那样："对于我们的思维来说，再也找不到更健康的良药了。"

84　　　杰斐逊提到的第二个实用性——大家需要注意的是，我这里针对的是那种具有强制性、义务性的功利主义——正是古典知识能够赋予我们大家的那种愉悦之感。它们都是那么纯真无邪而又奢华有加,是能够令那些富有冒险精神和创业热望的年轻人心醉神怡的褒奖,因为对于他们来说,纯粹的欢愉享乐只是一时快意、无法持续。而且,这种观点导致了在美国早期反复出现的感觉:经典教育被认为是那些时间多得不知该如何消磨的特权阶级所取得的令普通阶层恨得咬牙切齿的"成就",是绅士们的闲暇活动。这种感觉会反复浮现,其根源就来自上文提到的这一看法。

除此之外,把任何学习化约为品味都会把自身置于一个非常微妙的位置。无可否认的一点是,经典化的品味在美国早期似乎获得了非常牢固的地位。一个有力的证据是,杰斐逊本人尽管对本土的殖民地式建筑风格嗤之以鼻,但是却每每用"情人眼里出西施"那样痴迷的眼神来眺望尼姆卡里神殿(四方神殿),甚至在设计里士满市议会大厦的时候,成功地说服众人以四方神殿为原型,只做一定的微调。而且,既然这些组装式的大厦可以被冠上"议会大厦"大名,那么学校也就很自然地被统称为是"园区"。甚至还有人建议重新举办奥林匹克比赛:"如果你口口声声要遵循古希腊传统,那么你就应该像古希腊人那样坚持锻炼身体。"①但事实上,在这样一种经典化的环境下,对经典的阅读却比以往任何时候都要不受待见,大众的品味一去不复返,即便是那些伟大人物的个人品

---

① 关于杰斐逊对殖民地建筑的看法,请参见 *Notes on Virginia*, Qu. XV。对美国的古典主义的看法,参见 Howard Mumford Jones, *O Strange New World* (New York: The Viking Press, 1967), ch. 7。重新恢复奥林匹克竞赛传统的建议来自 Thomas Bland Hollis,参见 Samuel Eliot Morison and Henry Steele Commager, *The Growth of the American Republic* (New York: Oxford University Press, 1942), p. 321。

味也无法长久地维持其影响力。简而言之,杰斐逊所提到的第二个实用性是否真的具有说服力还有很大的不确定性。

对于美国人来说,经典最终的用途是其所传递的一切:"对于大多数人来说古典语言都是一个坚固的基础,而对于所有的科学来说古典语言则只是一种修饰。"在本书第一章中我已经对有用性和装饰性之间的对立所造成的巨大影响——也就是实质内容和附属性内容——发表过我自己的观点了。在这里,我还想再次指出一个重要观点,那就是,古典知识能够给我们传递一些非常关键的实质内容,它们是实实在在、真真切切的。那么它们到底能够传递些什么? 接下来让我们具体看一下杰斐逊在这个问题上所确立的方向及其所隐含的局限性。

正如上文已经观察到的,这些方向中的一个就是历史学。但是,历史,尤其是古代史,究竟是否能够真的达成杰斐逊所赋予它的教化作用,该问题即便是在当时那个时代也是颇有争议的。另外一个"美国之父"(即举世闻名的杰斐逊的死对头汉密尔顿)则明确地指出,古代发生过的一切是无法和美国的当下相提并论的:古代人是那么好勇斗狠、荣誉至上;而我们则心平气和、理性为先。托克维尔也发现,将古代的共和国和美国相比是不恰当的。为了给自己新奇的观点找到一个新奇的案例,他甚至想要将自己的著作付之一炬。①

85

---

① 汉密尔顿对以古代人为效仿榜样的做法是持反对意见的:Harvey Flaumenhaft, "Hamilton on the Foundation of Government," *The political Science Reviewer* 6 (Fall 1976): 152-58。

接下来一个方向是伦理学。杰斐逊对古典伦理学的观察是在有界定的情境下做出的,该界定涉及两个方面的对立:一方面是古代异教徒哲学家,另一方面则是犹太人和基督。这些哲学家留下的"至理箴言和我们息息相关……就哲学的这一特定分支而言,他们居功至伟",但是"在帮助我们塑造对他人的责任方面,这些哲学家显然存在不足,问题颇多",其原因在于他们更多是在教育我们如何看待公正和友谊问题,和耶稣基督所教导我们要学会善良和仁慈完全不同。当然,这样的观察很显然也是睿智通透的。美德、正义和对同胞的友谊都是经典,这种说法在开明的基督教教义的影响下,最终被转化为"职责、仁爱和善良,并进而成为整个人类都一致尊崇的原则"(《致拉什》,1803 年 4 月 21 日)——这种转化和替代最终体现出感天动地、旋乾转坤的效果。但是,如果说后面这些是毫无问题的道德术语的话,那么道德就基本上不是一个哲学问题:"所有的哲学规诫……仅仅只能指引我们的行动。它极大地拓展了对人类心灵的深层次探询。"和苏格拉底派的那些格言相冲突的是,杰斐逊所提出的现代性美德本身根本不能被归类为知识,它只是一种感觉,而道德哲学的演讲不过是一些"失落的时间"。"如果我们人类的造物主想把我们的道德行为准则发展成一个科学问题的话,那么他很显然是一个让人哀其不幸的笨蛋。"在道德问题上,一个农夫可能会比一个教授表现得更出色。而一个小说家也会做得超出人们预期——斯特恩的著作很显然就可以作为道德教育的最好教材(致卡尔,1787 年 8 月 10 日)——事实上,《感伤之旅》一书中弥漫着的自由主义悲伤感和一味忍让的善良品格很容易让读者觉得似乎自己再一次聆听到了杰斐逊的心声。因此,简而言之,异教徒的经典作品对于伦理学的贡献实在是乏善可陈。

再接下来就是数学。古代的综合数学与现代的笛卡尔解析数学在性质上是截然不同的,通过比较研究我们可以针对数学目标的性质提出尖锐的问题。在这两点基础上,我们能够(而且将会)为阅读古典数学文本进行强有力的辩护。但是,这很显然不符合杰斐逊的初衷。事实上,杰斐逊假定现代数学(更不用说自然历史了)能够从古典文本中汲取到足够的养料,这种假定显然是一种高估。概括而言,杰斐逊其实是以一种相对隐晦的方式否定了经典与任何一种"真实"事务相关联的可能。

接下来,杰斐逊又追问道:"这些知识到底对哪些人才有用?很显然不能惠及所有人。"人们通常只有在年轻时才会试图获取这些知识。(正如我上文早就提到的那样,那些人文学者在垂暮之年坐下来阅读希腊文时会感受到一种骄傲。)因为《旧约圣经》的希腊文译本和希伯来语《圣经》相比更容易接触到,所以神学人士需要掌握这些知识来阅读《旧约》和《新约》。律师因为掌握了拉丁语,就能阅读古罗马法律的原文。医生至少能够意识到那个"优秀的希波克拉底"显然并不比那个"优秀的拉什"更糟糕。政治家如果将经典知识和现代科学相结合,那么就能在其中发现各种课题,甚至政治课题。事实上,杰斐逊在晚年曾经承认,他自己在写作《独立宣言》时确实引用过亚里士多德和西塞罗这些古代思想家的观点(《致亨利·李》,1825 年 5 月 8 日),但是,在这一点上,我敢说没有任何人能够对经典知识进行直接的运用。最后,杰斐逊还认为,所有的科学如果需要寻求其语源学上的源头,都必须向上追溯到古典语言那里去。这一点显然变成了学习古典语言最具实用性的理由,尤其是涉及杰斐逊一辈子投入极大热情积极倡导的"旧词新用"或者说是新造词汇方面。但是,在这一方面,盎格鲁-撒克逊英语显然更加重要。(《石鱼口报告》)

在我的研究中,我把商人和农民排除在外。不可否认的是,他们也确实需要掌握一些历史、伦理学、数学和自然科学知识,但是他们显然除了让自己过得舒适一些或者说为了纯粹的修饰意义,并不需要掌握任何古典语言知识。这一点也就意味着:无论是专业人士还是那些能够阅读荷马的农夫,没有人真正需要这些知识。

我觉得我已经向大家充分展示了这样一种微妙心态:在杰斐逊本人对古典语言的挚爱中其实潜伏着一种背离。尽管其感情是如此热诚,但是触及事物本质、能够说服众人的内容却一无所有。对古典语言的偏好显得非常高大上,但是缺乏扎实的根基。尽管他自己内心似乎存有坚定的信念,但是对古典语言的偏好预示着美国教育中经典学习的式微,因为很显然,如果没有一种能够让所有人信服的理由,让大家真切地意识到这种知识含有实质性的内容和价值,那么挽救这些知识也是不可能完成的使命。我们会在下一个章节深入展开对经典被背离、被摈弃背后的实质性和形式性根源的探讨。

至于美国早期的其他作者,可以说他们中几乎所有人都曾经针对这一影响深远的教学问题鲜明地表达过自己的观点。托马斯·潘恩,正如所有人都可能推测到的那样,他对这一问题的立场是一种非常极端的白板观点:所有的书都已经翻译过来了,从那些早就丧失了生命力的语言中我们学不到任何新东西了,"在教授和学习这些语言方面所化的时间都是对我们宝贵生命的浪费"
(《理性时代》,pt. 1)。他还谴责基督教让"语言教"甚嚣尘上。杰
斐逊曾经认为,在人类的整个成长阶段中,很自然会有一段特殊时
期是非常适合语言教学的。对此观点潘恩则持反对意见,他认为,
对于儿童来说,科学学习和技术活动更适合。

另一方面,当时仍然有不少意志坚定的经典派学者,其中包括
来自马里兰的塞缪尔·诺克斯,他曾经因为一篇关于全国性教育
制度的文章而和威廉姆斯·史密斯共同分享了 1797 年美国哲学
学会大奖。他认同杰斐逊提出的观点,并且给出了更加有力的论
据,大力强调学习古典语言对于掌握英语的重要意义。① 事实上,
杰斐逊自己应该读过诺克斯的这篇文章,1817 年他还邀请诺克斯
担任美国有史以来第一个大学语言学专业(以及其他各种学科)的
专职教席,可惜这一努力未能成功。

位于上文提到的两个极端之间的是闻名于世的理性改革派,
他们的观点最终在美国教育领域占了上风,这甚至出乎这些人自
己的意料。本杰明·富兰克林是其中最早也最主力的人物。改革
派的观点本质上并不是一味地反对经典学习,而是更希望能够提
倡英语教育。富兰克林在他的《与宾州年轻人教育相关的提案》
(1749 年)中针对实际运作的学校提出了很多在当时来说非常新
颖的想法——他认为有必要将学习英语置于首要地位,而且需要

---

① Frederick Rudolph, ed. , *Essays on Education in the Early Republic*: *Benjamin Rush*, *Noah Webster*, *Robert Coram*, *Simeon Doggett*, *Samuel Harrison Smith*, *Amable-Louis-Rose de Lafitte du Courteil*, *Samuel Knox* (Cambridge: Harvard University Press, 1965).

通过直接的正式的学习来实现目标,通过阅读英语中的"经典作品"来完善英语写作风格,提高英语写作水平。至于那些在成长过程中形成了对语言的"强烈学习欲望"的学生们,则可以让他们自行选择希腊语和拉丁语。这是洛克的影响力能够体现得最直接也最具说服力的唯一教学议题,在富兰克林附于提案手册结尾处的亦庄亦谐的脚注中,他直接引用了洛克的《教育论》一书,并且大量引用了该书中的说法。① 这一立场非常契合当时人们的感知以及当时的形势,因此得到了很多人的认同,包括医学家本杰明·拉什和词典编纂学者诺亚·韦伯斯特在内的很多人,都曾经在他们自己有关美国教育的著述中反复强调上述立场。② 富兰克林的努力并不具有任何破坏性的意图。他的观点最早的传播者都是那个时代最精通经典的英国人:马尔卡斯特在他的《基础学》和弥尔顿在他的《论教育》一书中都一直反对让儿童们过早、过多地投入时间和精力来"学那么多让人头疼的拉丁语"。但是,他们的这些观点最终却造成了灾难性的后果。尽管所有人都认为语言对于培养专业人士来说是必要的准备,但是所有人又都异口同声地将语言学习的目的主要归结为装饰作用——这样一来其所造成的后果是,现代战胜了古代,因为前者聚焦于培养"实务型人才"。当整个世界都必须加速的时候,传统的学习却需要闲暇。有一点需要特别指出的是,由于一种兴许是上天赐予的人类固有的惰性,直到美国

88

① Franklin's "Proposals", p. 138, nn. 12 – 13; pp. 145 ff., from Locke, *Thoughts*, 168.

② Rudolph, ed., *Essays on Education*, pp. 18 ff., pp. 45 ff.

内战爆发之前,美国的学院仍然还将希腊语和拉丁语作为必修课,在内战以后,最终因为科学知识的不断推广和普及,希腊和拉丁语课程才最终变成了选修课。[1] 我个人对此的推测是,从那个时候起,面对专家术语和平民俗语这两大语言之间的巨大冲突,美国开国之初所展现的抵抗态度变得越来越弱了。

所有的建国之父(无须一一列举,只是需要指出潘恩是其中唯一的例外)都接受过经典培训,其中有些人,特别是亚当斯、杰斐逊和麦迪逊,所接受的经典教育非常完整。他们掌握了古典传统的所有品味和工具。他们是一个"其模式在地球上根本未曾出现过的"的政体的奠基者(麦迪逊,《联邦党人文集》,14),因为他们的优势在于清醒的自我认知,他们深知如何将新与旧区分开来。在这里,我们只需要举一个实例:他们明白,古代那种参与式的民主机制并不适合现代的共和国政体,他们在这方面的认知到了很精细的程度,并且获得了最原始的资料来源。(麦迪逊,《联邦党人文集》,10 和 14)但是,所有获得自由、取得成功的一代代人都面临着这样一个处境,美国的建国之父也一样——主动废弃那些成就自己的一切。[2] 但是,这就会引发一个问题,那就是,随着废弃的过

---

① Frederick Rudolph, *The American College and University: A History* (New York: Vintage Books, 1962), ch. 12.

② Du Pont de Nemours 的观点也是发人深省的:"我们当中所有的伟大人物都已经克服了亲历这样的研究所经历的不幸。"(Pierre Samuel du Pont de Nemours, *National Education in the United States of America*, B. G. du Pont, trans. [Newark: University of Delaware Press, 1923], p. 124; Francis Wayland, "Report to the Corporation of Brown University, 1850," *in The Colleges and the Public*, *Classics in Education* no. 15, pp. 135 ff. )

程不断地演进,他们自己所奠定的建国基石也将会被遮掩。当古代的一切变得无法触及、难以触摸的时候,现代的一切也必然会变得无法辨认。

### 事物,而不是词语

尽管如今学校使得学习依托于关于语言的知识,但是真正的学习本质上并不是掌握关于语言的知识,而是掌握关于事物的知识,语言只不过是为事物命名而已。

潘恩,《理性时代》,pt. I

因此,不妨采用权宜之计:既然词语只是事物的名称而已,那么所有人只需掌握我们从事某项特殊活动所需要的事物的名称就好了,这样会更方便一些。

斯威夫特,《格列佛游记》,III,5

杰斐逊曾经公开宣扬说:"任何一个国家能够给予人类的最伟大的服务是为其自身的文化增添一株有益的植物,尤其是一种能够作为粮食的谷物。"(《自传》注解)不可否认的是,他最后希望自己的墓志铭能够提及政治文件和学术机构。[1] 但是,上述说法颇有意义。杰斐逊应该被归入培根学派,该学派关注形而上学比关注政治哲学要少,关注政治比关注科学要少,关注数学科学比关注

---

[1] Mayo, *op. cit.*, p. 345.

自然历史要少，关注学术分科比关注实际应用要少。①

　　他的宏大建校计划体现了他的偏见。弗吉尼亚大学正是在"一个宽泛、自由、现代的计划基础上建立的，来这样一所通过争取公共资源建立起来的学校深造，绝对是物有所值"(《致氧气的发现者约瑟夫·普莱斯特勒》，1800 年 1 月 18 日)。这一计划最深层也是最激进的一般特征是，从这里找不到整齐划一的课程计划和学习纲领，更多是各种不同材料的折中组合，"这对于我们来说是再好不过了"(《致卡尔》，1814 年 9 月 7 日)。具体而言，这所大学所提供的科学课程占总课程的比例比美国其他任何一所学校都要高。无论是在课程设置方面，还是因此而引发的教学形式方面，这种安排都迥异于其他学院。原先按照学院教学计划所制定的一体化课程被一批专业教席取代，杰斐逊自己听天由命地称之为院或系。(《致卡尔》，1814 年 9 月 7 日)在内战结束之后，这种基于院系的组织架构最终几乎席卷了全美所有的学院和大学。杰斐逊希望这种设计能够给学生们带来"不受控制的自我选择"："让每个人前来，选取自己认为有助于提升自己思维能力的内容来听。"学生们不必局限于"预先设定好了的阅读课程"，也不会被排除在外，不允许"申请专为从事某些职业的学生而设的课程"。(《致蒂克诺》，1832 年 7 月 16 日)杰斐逊最开始构想的就是这种将个人选择和职业规划结合在一起的做法，这种做法最终成为美国高等教育备受

---

① Edwin T. Martin, *Thomas Jefferson: Scientist*, (New York: Henry Schuman, 1952), p. 44. 关于数学与采用观察法的科学的利益之间的冲突，参见 Debus, *Science and Education in the Seventeenth Century*, p. 39。

推崇的模式,当时艾略特在 1869 年就任哈佛校长的演说中也大力
倡导选修课计划。作为杰斐逊的朋友和笔友的蒂克诺了解到这种
专业自由与研究导向相结合的做法之后深受触动,这种研究是德国
大学尤其是他自己待过的哥廷根大学所倡导和坚守的,在 19 世纪
试图在哈佛推行过类似的创新。① 但是,直到内战发生、州立大学
纷纷成立时,无论是他还是杰斐逊的想法都未能得到真正有力的推
动,根本没有在美国扎下根来。而正如前文已经指出过的那样,在
这些问题上,杰斐逊更像是一个先知而不是一个奠基人。他基于对
教育现代性的明确感知而提出的教育思想是更具有价值的财富。

　　至此,这种院系安排并不一定与科学关联在一起。举例说,
马尔卡斯特早在 16 世纪就为专门传授语言、数学、哲学和职业知
识的特殊学院,甚至还包括那些专门培养教师的学院(引用他自
己的说法,见《立场》,41)争辩过。这两种安排的任何一种都不是
必然地与研究关联在一起,因为杰斐逊更希望把他的大学打造成
一个教学机构。每一代人都必须将人类的知识和福祉向前推进,
这种推进不像某些人说的那样是无限的,而是无期限的,需要推
进到没有人能够固化或者预见的程度。每一代人都必须添加自
己的发现,"将知识传递下去,使之连续不断地累积"(《石鱼口报
告》)。换句话说,传播知识始终是学校最核心的任务,但这种传
播必须完全符合人类推进知识的利益,这种推进主要体现在科学

---

① 关于 Ticknor 的努力,请参见 Richard Hofstadter 和 Wilson Smith, eds.,
　*American Higher Education: A Documentary History* (Chicago: The
　University of Chicago Press, 1961), pt. 4, nos. 2,3,6,8,9。关于内战后的发
　展,参见 Rudolph, *American College and University*, ch. 13。

90

领域。对于一个可辨识、可探索的世界来说,其多样性是不可穷尽的,面向这一多样性的注意力转换与围绕理性的、具有语言能力的人类而进行的教育活动是统一的,但是,对这种统一性的放弃是整个教学创新系统从其最早期的形态中就切实地呈现出来的特征。也正是这一点使得杰斐逊一手创办的大学在本质上具有了现代性。

相应地,大多数教席都是为现代学科设置的。在传统的大学学科,也就是古典语言、数学和哲学之外,还增加了现代语言、新的数学分支、当代哲学以及由 14 个专业组成的三个科学教席(倒是并没有特别强调数学科学)。另外,还在医学、法律和神学这几个传统的专业学科基础上增加了一个非常关键的新学科——政府学。为此,杰斐逊还专门选定了一些作家的作品来作为教材。在这里,神学作为一门学科被取消了,这一点还是挺惹人注目的。(《石鱼口报告》)

哲学学科面临着转型,神学基本上被降到了边缘地位——这些部分的存在使得那些相互竞争的建制派宗教团体在校园处于边缘地位,这样有利于"调和他们的偏见"(《致库珀》,1822 年 11 月 2 日)——这是大学教育的一个核心特征。

在创立弗吉尼亚这所新大学的时候,杰斐逊曾好多次寻求他的好友亚当斯的建议。我们基本上很难从亚当斯所给出的那些干巴巴的回应中感知到他的诚意热情,倒是有一次他随意地抛出的几句带有讥讽意味的话还算得上是真切的建议。杰斐逊对这样的建议完全是置之不理的态度,这也鲜明地表露了他身上所蕴含着的现代性当中的激进主义特征。亚当斯写道:

当你来问我关于这个大学的看法的时候，对于我来说，一个很直接的建议就是，你应该开设数学、实验哲学、自然历史、化学和天文学、地理学和美术，而不要开设本体论、形而上学和神学。但是，考虑到人类思维中所蕴含的渴望探索永恒和无限的不可抑制的冲动，我认为关于事物的第一推动力和最终结局之类问题最好还是允许人们自由探求，直到他们自己能够确信，就像我在过去 50 年中最终所确信的那样：在这个宇宙中，只有一种存在，该存在只有宇宙能够理解，而我们除了顺从别无他法。

1816 年 3 月 2 日

而杰斐逊看了亚当斯的信后并没有选择让人类思维自由探寻的道路。

杰斐逊更感兴趣的是"科学树干"的扩展，也就是对知识世界所进行的新的培根式划分（《致普莱斯特勒》，1800 年 1 月 18 日），尤其感兴趣的是通过删繁就简来改善主体的精神。"对培根的'科学树干'有了大致的了解之后就会发现……这些扩展出来的分支当中有多少现在已经因为无用而被砍掉了。"（《致库珀》，1814 年 8 月 25 日）主动放弃旧科学当然算是教育事业中最具革命性的举动。达朗贝尔在他为狄德罗的《百科全书》所编纂的预备课程中，对这一科学之树投入了极大的热情，认为它可以让哲学家拥有一种超越他人的优势来俯瞰知识的迷宫。他特别将培根奉为其所从事的事业的奠基之父，但同时他也批评后者过于缩手缩脚了，以至

92

于没有放弃"关于一般存在的研究",也就是对本体论的研究,没有转而支持针对个体存在的研究。

杰斐逊本人曾经代表弗吉尼亚州订阅了《百科全书》,他算得上是一个极为热诚的读者,以至于弗吉尼亚州为了取回直接递送到他家里的书还不得不通过一个决议案。他根据培根对知识世界的划分标准重新整理了自己的图书馆,这一划分标准其实就是百科全书的分类方法——培根在《学术的进步》一书中列举了历史、诗歌和哲学学科,这些学科分别对应人的记忆力、想象力和理智力,而达朗贝尔和杰斐逊所设置的学科则包括历史、哲学和美术,这种划分方法折射出生产性艺术的重要性得到逐步提高的趋势。与此相类似,杰斐逊在他的研究中将陆军和海军工程学置于纯数学领域,在向亚当斯做解释的时候,杰斐逊还专门引用了达朗贝尔的《科学之树》中的说法(1820 年 8 月 15 日),这再一次体现了应用科学对纯科学的侵蚀。[1]

在这所新大学中被"砍掉的"分枝是神学。取消神学学科是激进的做法,其背后有个表面上的法律理由,那就是,对于一个州立大学来说,设立神学教席本身是不符合宪法的,因为这样做一定会

---

[1] 参见 Jean Le Rond d'Alembert, *Preliminary Discourse to the Encyclopedia of Diderot*, Richard N. Schwab, ed. (Indianapolis: The Library of Liberal Arts, The Bobbs-Merrill Company, 1963), pp. 47,76。关于"科学之树",参见 Bacon: *Advancement*, II, v. 2; *Novum Organum* I, 79,同时参见 George B. Watts, "Thomas Jefferson, the 'Encyclopédie' and the 'Encyclopédie Méthodique'," *French Review* 38 (January 1965): p. 319。

导致宗派主义。① 但是其背后的思想根源也是更重要的根源则可以通过下述事实彰显出来："上帝的存在的各种证据……各种道德关系的始作俑者"最终被划入了伦理学范畴（五个科目之一，包括文学和美术，这些学科都归属于哲学教授）。换句话说，曾经被奉为科学皇后的神学如今只是一种衍生性的、次一等级的学科。更有甚者，正如前文已经揭示出来的那样，伦理学本身并不是一项非常重要的研究。无论是上帝还是善，都不会成为第一所共和国大学的思想基础。这当然是一种缺失，这种缺失造成了一种即时性的重大后果——在美国革命结束后的几十年间涌现了一大批小型的宗教学院，这一现象是对公共教育领域经过"启蒙"而将宗教取消这种做法做出的反应。② 这些学院的预算和影响范围都很有限，但是面对深层次的困难，它们确实代表了一种颇受欢迎因而也颇为长久的解决方案："指出民主时代特别需要使唯心主义观点占据统治地位是容易的，但要说明民主国家的统治者应该如何使这种观点占据统治地位就困难了。"（托克维尔，《论美国的民主》，II，bk. II, xv）③杰斐逊在美国大学中所开启的发展历程，其终结阶段在 19 世纪末期，到那时神学院的尊荣显然已经让位给了商学

93

① 对于麦迪逊来说，宪法问题才是最需要首先关注的问题。这些人（尤其是麦迪逊）致力于给学生们提供一个可供他们课外阅读时使用的神学图书馆，这可以算得上是体现其社会地位的举动。参见 David E. Swift, "Thomas Jefferson, John Holt Rice and Education in Virginia, 1815 – 1825," *Journal of Presbyterian History* 49, no. 1 (Spring 1971): 44 – 46。

② Rudolph, *American College and University*, p. 54.

③ 引用自董果良商务印书馆译本。

院——商学院成了"大学世俗化运动所催生的奇葩"。(维布伦,
《美国的高等教育》,ch. 7)

在杰斐逊的学校里,形而上学也被排除在外,这一点与杜邦·
内穆尔为全国性大学制定的规划是一致的,该规划将"被统称为形
而上学的说不清道不明的神学上的胡言乱语"[①]排除在外。在那
些传统上第一哲学理论即本体论或者关于存在的科学所处的位置
上,杰斐逊放的是意识形态学,即意识(和一个未来不可限量的说
法)的科学。杰斐逊所界定的意识形态其实是一种教义,我们在第
一章中就提到过它,是由德斯蒂·德·特拉西所倡导的。杰斐逊
将特拉西和杜格尔德·斯图尔特并列为"健在的最杰出的形而上
学家,我是指人类思维能力的研究者"(《致亚当斯》,1820 年 3 月
14 日),并称他的作品"将会造福我们的国家,远超教会所有圣人
和圣父的作品"(《致拉法耶特》,1819 年 3 月 8 日)。为了让美国人
接触到意识形态这门学科,杰斐逊曾经亲手来校对他的《政治经济
学论文》的译稿,并在该书前言中概述了意识形态的核心思想:意
识形态归根到底是一种反形而上学的理论,其所引发的是一种实
证的分析方法。它首先表现为对人的能力的批评,这些能力汇总
起来可以称为"感觉"。接下来,内在感觉和外在事物之间会产生
互动。这种观点非常契合杰斐逊自己提出的"习惯的止痛剂",这
是笛卡尔公式"我思故我在"的变体(《致亚当斯》,1820 年 8 月 15
日)。这种颇具感性色彩的唯物主义也可以通过如下事实加以总
结:特拉西将其归为动物学的一个分支,杰斐逊竟然并无异

---

① Du Pont de Nemours, *National Education*, p. 124.

议——很显然,杰斐逊的第一哲学理论在严格的意义上被归入了自然历史的范畴。①

至于我在文中一直提到的其他美国作者,我坚信其中没有谁曾经提议过放弃传授更具实际性的课程,转而回过头去提供语言学课程。为此定调的是后来担任宾州弗兰克林学院教务长的威廉·史密斯撰写的《米兰尼亚学院》,该书讲了美国革命发生前的一个独具特色的乌托邦故事。这些学院会给年方 15 的学生们教授哲学著作——柏拉图、洛克和伦理学名著。但是,更高年级的学生则有机会上校长(其名称为亚拉图,或者培育者)亲自教授的农学课——这种安排的重要意义体现在这样一个事实上:传统上,校长给高年级学生上的课通常是道德科学。跟以往一样,实际的实践往往跟不上,史密斯给费城学院设置的课程的最高阶是哲学和神学这种传统的学科。② 但是,塞缪尔·哈里森·史密斯在一篇文章中针对哲学发动了最猛烈的抨击——该文在 1797 年和诺克斯分享了美国哲学学会大奖——他在文中写道:"哲学让人无所事事,整天沉迷于毫无意义的事物,最终导致人们的思想远离真正有用的活动",这种活动让人们"陷入表象而自鸣得意,这种活动对

① Destutt de Tracy, *A Treatise on Political Economy*, *to which is Prefixed a Supplement to a Preceding Work on the Understanding*, *or Elements of Ideology* (Georgetown: 1817; reprinted by the Detroit Center for Health Education); Adrienne Koch, *The Philosophy of Thomas Jefferson* (New York: Columbia University Press, 1943), pp. 64–82; Ideology as zoology, p. 67.

② Lawrence A. Cremin, *American Education*: *The Colonial Experience*, 1607–1783 (New York: Harper and Row, 1970), p. 383.

于年轻的头脑来说,既无法提高认知也无法引发兴趣"。但是,同样值得关注的是,直到革命结束之后,这些赫赫有名的学院一直继续让他们的高年级学生将大量时间投入到传统的经院式的关于形而上学理论的辩论之中。① 在美国这样一个十分功利主义的国家,经典课程还有如此顽强的生命力,这事实上也体现了教育历史更加奇妙、更加有意味的一面。尽管如此,随着对多种学科分支"不断砍伐"的进程无情推进,美国教育的实质变得越来越真实、越来越实在。贾斯汀·莫瑞尔后来倡导的土地交付法案为美国各州的州立大学的发展提供了强大的动力,他在 1848 年就曾经建议所有的美国学院最好"砍掉一些在几个世纪之前就确立了的作为欧洲学术理念标签的课程,至于因此留下的空白——如果有空白的话——要用不那么陈旧、更具实用价值的课程来填补"。众所周知,此后的历史发展过程不得不说有些令人悲哀。"科学填补了希腊语所留出来的空缺,一举夺得自己的牢固地位,这并不是指学校招生的数量,而是指对待教育的态度。如今,科学大权在握,睥睨一切,道貌岸然,缩手缩脚。"最终的结果是,现在学习科学的人在

---

① 关于形而上学的争论,参见 James J. Walsh, *Education of the Founding Fathers of the Republic*; *Scholasticism in the Colonial College* (New York: Fordham University Press, 1935), p. 294。关于在人文课程设置计划中给科学留出一定位置的问题,参见 Thomas H. Huxley, *Science and Education* (New York: Greenwood Press, 1968; first published in 1898), p. 141,包括书中其他地方。科学本身就是值得掌握的知识,而且也是教育最应该完成的目标,这样一个大胆的宣言主要来自 Spencer (*Herbert Spencer on Education*, *Classics in Education* no. 30, Andreas M. Kazamias, ed. , pp. 129 ff. )。

总人口中所占的比例比以往学习经典的人所占的比例还要低。[1]

　　杰斐逊在《石鱼口报告》中对年轻人接受高等教育的终极目标
进行了明确界定，那就是，"让他们养成自我反省和改正行为的习
惯，让他们成为其他人心中的美德榜样，让他们在自己身上感受到
真正的幸福"。现在的问题是，现代共和国所推崇的"真实的"公共
课程就其本质而言能否真的体现杰斐逊的初心，更且不说能否真的
实现他的目标。我曾经指出，共和国天生地关注事物（而不是词语）
领域，也关注世俗世界及其成果，而杰斐逊一手创立的唯物主义大
学对于一个联邦来说显得非常契合，几近优雅。但是，那个以对民
主制度的研究见称的人曾经反驳道："唯物主义，在所有的国家，都
是人的精神的危险病症。但在民主国家，唯物主义尤其可怕，因为
它会与民主国家的人心常有的邪恶巧妙地结合起来。民主主义鼓
励人们爱好物质享受。"（托克维尔，《论美国的民主》，II，bk，2，xv）[2]

　　换句话说，这种活跃的思想上的唯物主义很自然地构成了美
国的基础哲学理念的一部分（本书最后一章会对此进行更深入的
探询），将会和民主制度的好恶结合起来，只不过其影响力日渐衰
落而已。也因此，这样一个问题就变得极为紧迫了：随着人文研
究和神学研究转移到日益狭隘化的教育领域，公众或者说甚至是
整个世俗社会的教育领域，会不会再也无力培养出良好习惯，从而

95

---

① Rudolph，*American College and University*，p. 249 引用到了 Morrill 的原话。
　　第二句引语参见 Jacques Barzun，"The Ivory Lab，" Esther Kronovet Evelyn
　　Shirk，eds.，*In Pursuit of Awareness*（New York：Appleton-Century-Crofts，
　　1967），p. 436。
② 引用自董果良商务印书馆译本。

无法使公民具备对于共和国来必不可少的反省精神和美好品德了呢？解决这一两难困境的方案在于，在明显体现共和国特征的课程中重新植入反思为本、行动至上的根基。

## 尊重文本

在我看来，对于我们国家的文本传统的形成来说，没有什么东西能比得上杰斐逊自身的阅读模式。在这里，我准备先列举三段奠基性的段落。杰斐逊很可能只读过其中最后一段，但是这三段内容应该是完美地捕捉到了教育领域权威作者摈弃传统的新精神。

蒙田曾经建议老师应该允许自己的学生"在头脑中不留存任何东西，哪怕是出于权威或者虔信也不该留存"，要学习色诺芬和柏拉图的思维方式，而不是死记硬背他们的具体规诫。"如果他自己愿意的话，那么就应该让他大胆地忘记他究竟是从哪里学会了这些规诫，让他学会如何将一切变成自己内在的东西。"（《论儿童教育》）这恰恰就是杰斐逊自己的学习方式。通过年轻时候涉猎极广而且持之以恒的阅读和学习①，杰斐逊吸收了很多他人的观点，熟记了很多他人的说法，使之烂熟于心，以至于对其精确出处和具体背景都能够脱口而出。事实上，《独立宣言》本身就是一部整合而成的作品，"融合了当时社会各种不同的认知和思潮"，其再生产

---

① 关于杰斐逊早年的阅读经历，参见 Gilbert Chinard, ed., *The Commonplace Book of Thomas Jefferson*, *A Repository of His Ideas of Government* (Baltimore: The Johns Hopkins Press, 1926)。

过程并没有特别指出其思想来源，而是汇合成"美国思想的真切表达"（《致亨利·李》，1825 年 5 月 8 日）。

同样，洛克的遗作《理解的行为》让读者自行寻找"打开书本世界的真正钥匙以及引领人们穿越由各种不同观点形成的迷宫的线索"：好好地培训你自己，这样你"只看一眼，就能纵观每一次辩论的全局，在绝大多数情况下看出其最深层次的要义"。这是对毫无价值的阅读活动的名副其实的鼓动，很显然有悖于培根的说法，因为至少有一些书"应该好好咀嚼、好好消化"（《论学习》）。最后，杰斐逊年轻时期的钟爱对象博林布鲁克曾经在谈到如何运用文本时引用了布洛瓦对于翻译的看法："尽可能触及原意……尽可能捕捉到精髓。"（《关于对历史的学习和运用的通信》，No. 3）

这确实是杰斐逊兢兢业业地投入文本学习时所采用的方法。这是常学常新的努力，是从不依傍他人的自我判断，是关于学习助力行动的清晰而不模糊的期盼。但是，这种做法本身却隐含着许多危险。其中之一是，它会导致人们过于匆忙地下结论，产生不可控制的成见和偏见。这样的阅读，即便在知识真实度的一般基础上是无可厚非的，但是对于一个建国之父而言，却是万万使不得的，因为其诠释本身会产生极其重大的影响。

杰斐逊的论述包罗万象，只有一个除外：他完全无法抑制的反教权主义。这可能应该归因于他个人的具体情况，但这也不是特别有说服力[①]，只有一点例外，那就是，他读过一个古代作者的

---

[①] 在 1800 年的总统选举活动中，有不少神学人士攻击他的私生活，尤其是他和他手下的奴隶莎莉·海明斯两个人在蒙蒂塞洛时的同居生活。还有不（转下页）

书,这至少可以从一个侧面来解释他的反教权思想:杰斐逊曾经跟亚当斯提到他自己觉得非常有趣的一个活动(1814 年 7 月 5日):"我认真地阅读了柏拉图的《理想国》,并且被深深吸引了。"他通读了这一"自名为基督徒"的作者的"异想天开之作",并且总结说,人们之所以会赋予这本不知所云的著作如此崇高的地位,完全是因为这些天花乱坠的说法被隐藏在这一"人工合成的基督教教义"体系中。他多次引用柏拉图这本"异想天开之作",很显然是受到了那位狂热的反教权主义者博林布鲁克的影响(就像上文引用过的哲学家和基督徒之间的比较)。对柏拉图发动攻击,将其视为牧师和教区长之父,这多半是通过新柏拉图主义基督教来进行的,是一种启蒙运动式的痉挛。① 对杰斐逊来说,这种实际攻击显然使得文本更加黯然失色。

97

他攻击柏拉图的《理想国》,可能是基于一个讲究实际的美国政治家的观点,和塞缪尔·哈里森·史密斯所引用的培根的《学术的进步》是一脉相承的:"至于那些哲学家们,他们给想象中的联邦政体制定想象中的法律,他们的所有发现就像天空中的星星,因为

---

（接上页）少非难他的无神论思想。参见 Fred C. Luebke, "The Origins of Jefferson's Anti-Clericalism," *Church History* 32 (September 1963): 344 ff. 。来自宗教人士的反对,也让杰斐逊在推举托马斯·库珀这样一个不屈不挠的唯物主义者担任大学物理系主任时,面临很大的挑战。

① 参见 Bolingbroke, *On Reticence in Criticism*, *A Letter to Alexander Pope* for "Pythagorean and Platonic Whimsies"。Jefferson 所著、Chinard 所编的 *Literary Bible* 就包括了很大比重的 Bolingbroke 选择的著述,见 p. 55。涉及柏拉图与启蒙时代,参见 Peter Gay, *The Enlightenment: An Interpretation* (New York: Alfred A. Knopf, 1966), I, 83。

过于高远,所以只能发出微光。"①同样,杰斐逊可能基于可疑的正
义和某种理智的偏见来谴责柏拉图是一个反民主主义者。但是,
他认为真正有错的是他的"隐晦思想"以及炉火纯青的诡辩术,还
有粗糙的"柏拉图式的共和主义",这种思想会让我们大家都"如同
田野或森林中的动物一样,毫无章法地生活在一起"。换句话说,
杰斐逊发现他巧妙地以"外观"(即 *eidē*,*ideas*,*forms*,或 *aspects*)
来指称的,"既不可能以形式也不可能以维度来加以界定"的柏拉
图教义,真的无法让人理解,与此同时,他又对苏格拉底关于政治
社群具有超自然常规的需求的评论采取一种纯书面意义的理解
(这一点还得到了亚当斯的认同,1813 年 12 月 3 日)。很显然,无
论是柏拉图的哲学理论还是政治思想,杰斐逊都认为毫无可取之
处。但事实上,他对柏拉图的指责主要还在于后者给他提供了一
种比基督教的粗糙教义更复杂、更高级的神秘主义思想,这使得他
免于成为早期被淹没的作者。是柏拉图帮助基督教徒"建立了一
种完全虚构的思想系统,并因为其模棱两可性而造成永久的思想
冲突"。他和亚当斯之间的通信充分展示了美国共和主义思想的
奠基者们对政治哲学的奠基者的摈弃,这种摈弃是极其轻率的,令
人百思不得其解。而当我们意识到柏拉图的《理想国》早就谈到了
杰斐逊的教育规划中的三个核心观点的时候,更会感到惊诧莫名:
有必要基于人们自身的天赋和美德而遴选出适合管理政府的人
才,并且为他们提供自由学习的高阶课程;有必要区别对待公民中
的"大众"所拥有的追求自己营生的自由与为保卫公众幸福所需要

98

---

① Rudolph,ed.,*Essays on Education*,p. 178.

的具有自我否定精神的公共服务；以及，修正经文的满不在乎的项目，而且美其名曰是为了美德！面对这样的文本，漫不经心地阅读可能还不如根本不读。

对不好的信仰采取类似的认同态度，会导致某种程度的肆意妄为的修正主义倾向。杰斐逊在讨论柏拉图时说："老实说，他的对话录完全是在诋毁苏格拉底"，柏拉图之所以使用苏格拉底的名字完全是为了"掩盖掉自己头脑中的胡思乱想"。而当杰斐逊将苏格拉底从柏拉图手中解放出来的同时，他也将耶稣从福音书作者和教会之父手中拯救了出来，同样，也将耶稣的教诲与那位"希腊诡辩家"的强词夺理、是非颠倒和移花接木区别开来。（《致拉什》，1803 年 4 月 21 日）事实上，在担任美国总统的时候，杰斐逊曾经编纂了一本名为《拿撒勒的基督的生活和道德》的小册子，也就是后人所称的"杰斐逊版《圣经》"，里面涵盖了福音书中"真实"的部分，删除了那些堆积起来的"劣质的"神学观念——也就是所有关于耶稣身上的神性的表述。① 正如我们已经指出的那样，杰斐逊之所以提倡延迟学习《圣经》，其目的也正是为了鼓励类似的批评精神。

这种信心满满的批评用力均匀，既解决了柏拉图和他那位没有留下任何书面著作的老师苏格拉底之间的微妙关系，也解决了道成肉身的神秘性问题，其中很显然蕴含了重要的政治启示。约翰·马歇尔在杰斐逊发表首任总统就职演说的那个早上还在写文

---

① David Little, "The Origins of Perplexity: Civil Religion and Moral Belief in the Thought of Thomas Jefferson," *American Civil Religion* (New York: Harper and Row, 1974), p. 200.

章,他依据民主党的分类,将后者界定为"投机性的理论家"和"绝对的恐怖分子"。前一个定义算得上公正——杰斐逊应该感到荣耀,因为他在美国所推动的启蒙运动完全不同于法国受到掣肘的同类运动,他的宣言并不是借由恐怖统治颁布的。但是,这一关键性的说法只不过不那么带有贬义而已。在我看来,它更多表达出的是这个新上任的首席大法官对一个新就任的总统强烈的不信任,前者深切地意识到后者所表明的具体政治理念折射出他对建国之典所蕴含着的神圣性缺乏足够的感知,也说明他容易头脑发热,以至于在其他场合连那个机智圆滑的麦迪逊都不得不出面干预。①

对于杰斐逊来说,既然彻底否定了宗教著作的神圣性,就要积极地致力于推行他自己设定的全新的政治正典。在公民培训方面这种意图所带来的自由主义的两难困境已经被人注意到了。在当下的情境中,下述事实显得颇有意义:在杰斐逊真正全力投入的事业领域,也就是为共和国培养统治者的准备过程中,总有一些书籍具有权威性,有必要成为"真正的教科书……有必要当作组织指导原则来遵循",当作基于受托人的权威而设定的教育标准来执行。(《致麦迪逊》,1825 年 2 月 1 日)政府的新科学需要尽可能建立在美国文本的基础上,因为"我很自豪地看到,在政治科学领域我们事实上已经超越了欧洲"(《致亚当斯》,1819 年 1 月 19 日)。他要求大家掌握的文本,和上文提到的完全一致,包括洛克的《政府论》、西德尼的著作、《独立宣言》、《联邦党人文集》、弗吉尼亚州

① 见 1801 年 3 月 4 日和 Charles Pinkney 的通信。

关于外侨与防治煽动法的决议和华盛顿的告别演说。麦迪逊在他给杰斐逊的回信中，以比较委婉的语气提出了不少不同看法，首先针对这一名单中派系林立的共和党因素（尤其是其中弗吉尼亚州的决议，表述了"州的权利"理论的最初形成过程），但是他的回复主要基于这样一个基础：上述文本并不能教会我们的学生更好地抵御对共和国宪章的"建设性冒犯"（1825 年 2 月 8 日），也就是说，并不能阻止人们对美国宪法（杰斐逊没有提到这一文本）进行有效的误读。

到这里，我需要做一个极具象征意味的补充：就像杰斐逊在对待这些经典文本时压根不带丝毫虔敬之意一样，他对语言本身的态度也毫无二致："我当然热衷于使用更多的新词汇……你们看看，从法国大革命肇始之日起，由于大量新词被毫无拘束地引荐进来了，法语已经演变成了怎样一种语言啊！"接着，他引用了很多词，比如氧气、电力、向心力和地理位置等，而且他还积极地倡导——其中的幽默与热情之间有些失衡——neologist（新词制造者）、neologisation（新词化）、neologistical（新词的）以及其他五个衍生词。（《致亚当斯》，1820 年 8 月 15 日）对成熟语言毫不迟疑的摈弃是对词语持贬损态度的自然后果，在我看来，杰斐逊的摈弃行为中孕育了最多关于未来的预见。举一个例子：杰斐逊，正如之前的引文所显示的那样，至少可以说是在不经意间，一直关注如何准确地描述一个共和国的立法者的神圣事业。在他积极倡导使用新词的革命结出了丰硕成果之后，一个类似的观点可以以如下的方式来表达："立法者需要扮演的角色通常可以通过界定内在和外在变量之间以及角色和习惯性变量之间的冲突来进行思考……将立法者的角色……进行社会化……以及作为同样一批行动者的不同行为的来源的不同问题领域中的目标，其相关性会得到探究。"
看来，英语中对新词汇的最精确解释是 *newspeak*（新语、官腔）。
（奥威尔，《*1984*》，附录）

100

美国其他作者对书面词语也是鄙视不已，只不过其角度不同，从教育的观点来看，其后果更严重。所有这些人——杰斐逊当仁不让地成为他们的领袖——都大力呼吁知识的传播。他们深知这种传播需要满足一定的条件，包括知识上和制度上的条件：首先是能够被广泛而迅速地传授的系统知识，这是塑造更有秩序意识的一代新人的基础；其次是传播知识的一系列制度。我在第一章中就曾经提到过，上述作者一直呼吁成立一所全国性大学，也就是说，将之作为监管全国性教育的中心机构。[1]

而现在，在上述作者看来，一种更适合美国的知识传播的最重要的教学手段就是教科书。因此，塞缪尔·诺克斯在其著作中用了整整一个章节来进行诠释，该章节的题目是《论将统一的学校教科书制度引入公共教育规划的优势》。我这里所说的教科书一词，与我们通常所称的文本不同，更多地是指用常规的技术语言写出来的、预先备好、方便使用的教学资料。也因此，这里的教科书不同于原创性的书，所谓原创包含两个方面：一方面是作者自己的发现或反思，一方面是使用发现的原初语言进行的涉及其思想起源的研究。简而言之，教科书主要是知识呈现的手段，而文本则传

---

[1] David Tyack, "Forming the National Character: Paradox in the Educational Thought of the Revolutionary Generation," *Harvard Educational Review* 36, no. 1 (Winter 1966): 37.

递思想探寻的顺序。

由于教科书是中央集权式的教育的很自然的辅助手段，所以启蒙运动时期的法国作者们最坚决地要求使用教科书也就显得再自然不过了。无论是拉夏洛特、杜尔哥、狄德罗还是孔多塞，无一例外地将制定教科书视为教育改革运动的起点。[1]《百科全书》本身就深刻地昭示了编写教科书的内在精神——达朗贝尔就曾经乐呵呵地欢迎"这种对'方法''元素''删减'和'图书馆'的叠加"（《预备教程》，pt. III，开篇）。

事实上，教科书本不是什么新鲜玩意儿——中世纪时期的学生也曾经被文献、教义和摘要压得喘不过气来。而对于竭力呼吁要为他所教的班级定制教材（《大教学论》，33）的夸美纽斯来说，编写教科书成了一种刻意而广泛的教学行为。而这种看似无害的努力到头来变成了所有摈弃文本传统的行为当中最具危害性的行为，因为它弃绝了一种对无穷意义的值得信任的期待，这种意义是一个读者有权自行赋予一个原始文本的。教科书作为一种教条赶走了文本的权威性——这是教育在形式方面，也就是在学生学习的形式方面的根本性革命。

不必明确地界定究竟什么是最终的因，什么是最终的果——针对文本传统的方法或者契合文本传统的社会机制——各种学习模式都会给我们带来广泛的政治启示，这是显而易见的。是否应该尊重传统是一个普遍性的教育难题。这样一个涉及整个人类的真相的极具想象力的典型，是歌德在《威廉·迈斯特的学习时代》

---

[1] La Fontainerie, *French Liberalism*，全文。

(II,1)中给教学赋予的职责。在这里,只是因为培训的使命是为了让儿童的人性得到全面的发展,所以培训一开始就应该将各种形式的尊重态度教授给孩子们,这样一种能力与人类的崇高精神并行不悖。同样,麦迪逊也竭力敦促大家认识到以"尊重法律"这种形式体现出来的尊重态度对于一个自由政府维持其稳定的特殊重要性,这种说法后来被林肯多次引用,后者早年在《我们政治制度的永久化》演讲稿中就极其关心这一政治问题。但是,也许有人会辩驳说,在现代的共和国体制下,这样一种感知还是非常有必要的,不仅仅是因为要维护政治稳定,甚至更可能是为了维护人类内心的安宁。真正的原因在于,在一个个人及其选择都具有无上价值、宗教已经彻底丧失了其公共领域的背景下,公众的不敬的代价只能由私人承担。如果离开了某种一般意义上的重要性,想要保持个人的尊严也会无比艰难。但是在老迈者总是一味地模仿年轻人"从而让他们看上去不像让人扫兴的卖弄权威之徒"(柏拉图,《理想国》,VIII,563b)的民主制度中,重要性的缺乏及其伴生现象,即任何一种经典表述中都有的过度刺激之后造成的无聊状态,都是司空见惯的。在一个用杰斐逊的原话来说致力于"扩展和启蒙我们的年轻人思维的"教育体制下,上述问题显得十分严重。这种解放思想的功能要想稳固下来,得有一个前提,那就是,对于传统给予一定程度的关注和尊重,就像我们那些学识渊博的建国之父们自己所展示的那样。[1] 另一方面,如果我们还是肆意地摈弃

---

[1] 关于他们的学习质量,参见 Hannah Arendt, *On Revolution* (New York: The Viking Press, 1965), p. 221。

传统,那么,思想解放,因为缺乏"立身之处"就会变成空洞无物、自我消耗、极度狂热的形式主义。也因此,在一个以法律为基础的民主共和国中,培养人们对经典文本的由衷尊重应该成为共和国教育的重要组成部分。"*credo ut intellegam*"——其世俗版本类似"我信故我学"——这一说法是献身自由的各种努力中不可或缺的组成部分。

在上文我们分析的三条道路的每一条当中,传统都被杰斐逊和美国早期论述教育的作者们摒弃,以体现知识性、标杆性和温和性的方式所摒弃,以符合他们的教育观点所服务的政体的方式所摒弃。这样一个政体就其起源和根基来说,一直在急于打造一个可供后人恒久效仿的新世界,渴求生成更具实用性、更适合传播的知识,对权威表现出不耐烦的情绪。从那时起,过去那种要求精心准备才能获得的对于传统的亲近性丧失了;从那时起,理性知识被实体知识取而代之;从那时起,人们不论对神圣文本还是世俗文本都采取鲁莽的态度。但是,这样一个共和国,或者任何一个共和国,只要其存在的根本目的是为了公共的善,那么就需要依靠有底蕴、有思想乃至有智慧的公民。共和国中存在一些矛盾关系,其中尤其值得一提的是共和国的现代生活与共和国的先决条件之间的关系,还有为美国设计教育方案的关系,这种方案要让美国在保持审慎态度、反省精神和尊重意识的同时并不降低其严肃性、实质性和独立性。解决上述矛盾关系的办法存在吗?我觉得存在的,那就是,恢复那个虽被建国之父们坚决摒弃但是其自身却浸淫其中并十分通晓的传统。

## 针对传统悖论的解决方案

说到如何拯救对西方传统的学习，使之成为核心的教育手段，我不仅要分析其理由，还要给出具体的解决方案。我在本书的引言部分已经对教育给出了定义，认为教育是一种阅读活动，是介于孩童时代和成人职业培训之间一段较为轻松的中间阶段。如果这一定义不合情理，那么我所做的一切就毫无意义。所谓合乎情理，我指的是这样一种方式，即要对当下情境保持睿智的钝感力，但是把其历史根源当作源头活水。正如我在上文所敦促的那样，只有在初始阶段，我们当下的状况才是容易理解的，也容易做出根本性的改变。

当然，这样一种开端不仅是华丽多彩、令人振奋的，而且也是经过深思熟虑、依据充分的，因此其结果也就必然会显现出一些令人愉悦的特征：数量庞大的一国之民，基本上都知书达理、温文尔雅、坚韧不拔、恪守原则，全力以赴地支持多元一体的教育机构，这些机构至少不至于让任何一种学习显得不可能。要知道，我们的各种麻烦所展现的无非是我们的品德中的恶而已，这种看法是合乎情理的。进一步而言，我最后的意图是想要责难我们所处的这个时代或者我们的这些机构，也就是我们所谓的教育制度，而令人庆幸的是，事实上压根就不存在任何制度。相反，我想象不到任何时间或地点可以更方便地结合起来，既提供安全感又提供机会，同时还能保护好我们的机构和各种可随时供我们使用的设施，从而帮助我们应对那些难以避免的荒谬行为，在当地完成某些善举。

到目前为止，我已经尽可能不使用民主这个说法，而更多采用共和（国）这个说法。这背后的原因在于，尽管我们所在的这个国家本身遵循的是一种民主制度，也就是说，这一制度依靠大众的统治，但是民主这个说法，也许部分需要归因于托克维尔的影响，其真正的含义更多代表的是一种社会模式的构造，而不是一种政体。其中核心的一点是平等主义，希望能够确保人人平等，这并不体现为通过对某些人权的明确的尊重来确保的某些明确的人权可能性，而是应该体现为绝对的付诸实际的利益。与平等主义截然对立的是精英主义，正如前文我们已经界定过的那样，精英主义经常出现在人们对教育的考量和安排当中。但是在我看来，这一点似乎属于应该刻意忽视的非常情境化的问题，因为它会使得下面这个大问题变得混淆不清："身为公民，我们究竟应该学习什么？"对分配的平等性这一问题如果考虑不够周全、不够成熟的话，反而会麻痹人们对教育问题的省思，这种省思应该把人们普遍欲求的对象变成深入思考的对象。那些对才华不平等性的担忧在我看来是毫无必要的——正如愚不可及远比聪明绝顶要罕见一样，我认为，一般的智力就足够条件接受真正的教育了。因此，我应该这样假定：对于所有受文学滋养、依宪法治理、靠科学支撑的公民来说，总有某些事物具有同等重要性。我的这一假定不需要任何新的证据，我所依据的是公理自明的原则，完全符合《独立宣言》的精神。与此同时，下面这样一个观点对我来说似乎也是合乎情理的：如果一项计划本身是个好计划，并且因此而对任何两个或者二十个或者两百个公民都是有益的话，那么让整个国家以此计划为起点小步前进，要好过因为另外两亿两千万人不能马上参与而对该计划投出反对票的做法。

## 教学形式

至于说到恢复传统可以采用的方法，我认为主要需要考虑三个问题：时间、教学和学习计划。

有一个合乎情理的假定，那就是，我建议分配给正式教育的时间应该得到明确的限定和规定，因为这是一段闲暇而有责任的中间阶段。正是基于这些以及其他我已经给出的原因，应该有一个上大学的计划。为了使之成为一个基本能够追求到的目标，这样的计划应该是自给自足的，这样才能尽量少地依赖中学来提供某种特别的培训。培训在古典的语言中并不是一个无法想象的要求——而是完全可以想象的，因为到了成年阶段所有人都在接受希腊语教育，这是真切发生过的历史——但是在当下这个时刻，把这种培训视为教育进程的起点的做法不仅是极为荒谬的，而且也是毫无必要的。充分的"历史背景"也不必要，或者不必快速地引入。首先，这件事毫无实用性。如果从原则上讲文本的生成过程是能够解释的，那么试图解释这一过程的内容实际上也必须是无限的——真理性和简要性在历史上往往是相互不兼容的，所以历史只能在大纲中进行粗略的传递。① 另外，这样的内容陈述会让事物变得毫无意义。智力作品因为其原创性和自发性脱颖而出，

---

① 就像杰斐逊建议过的那样，与历史的差异可以被视为各种实例和警告的来源。黑格尔曾经用 *pragmatical*（独断的）来描述这种历史性的反思。（*Philosophy of History*，Intro.，I，2）

对于这一点,光靠一个背景如何能够解释清楚? 有做这种准备的需求就意味着作者们不仅成为其所处时代的手无寸铁的牺牲品,而且其作品也会破绽百出——与此同时,自立和自足的美德恰恰是借以选择他们的标准。

105　　我这里所指的教育只需要掌握一定程度的英语和最基础的代数知识。那些最低的要求所确保的基本上是一种基础性的教育,也就是说,它通过仔细设计的方式来把握学习,使之成为真正的初始教育而不只是教育的起点。

　　最适合我的提议的教学方式恰恰也是最符合共和精神甚至民主精神的教学方式。这是谈及教学时一个令人愉快的情况。这一方式经常被人们称为苏格拉底式教学模式——这是错误的,如果《对话录》中的苏格拉底是其代表人物的话,因为他的对话其实被柏拉图巧妙地引导着,他在书中提出的所有问题都是一些咄咄逼人的引导性问题——但这又是正确的,如果这里说的是某种坦率而友好的意图,希望帮助到人们所做的探询以及在发言时免于二手意见的干扰。就后者而言,确实存在一种具有典型美国特性的苏格拉底主义,就像 1754 年新泽西学院发行的学校理事手册所表达的那样:

　　　　(他们)投入了很大精力来改进已经被广泛地接受了的教育计划。他们并没有过多地强调教学机构的方法,也没有过多地增加课时,没有过多地覆盖科学的不同分支,没有过多地要求学生死记硬背,没有过多地布置令人不快的沉重任务,而是在老师和学生之间,或者在由自己的导师监护的学生之间,推行苏格拉底式的自由对话。通过这种方式，学生们的注意力得到了提高，思维变得活跃了，学者们探索知识世界的活力也被激发了。艺术和科学就这样被传输进年轻人的头脑之中，而所采取的方式方法还是最简便、最自然也最让人们觉得熟悉和亲切的。①

正如在普林斯顿人们会探讨教学上的根源一样，在费城人们会探讨审慎的目标：十六岁的富兰克林在阅读了部分苏格拉底的对话后，"彻底被这种生活方式给迷惑住了……学着做一个谦逊的探询者和怀疑者"（《自传》）。不管怎样，就其展示给世人的毫不忸怩作态的自尊和目标明确的开放心态而言，苏格拉底确实可以算得上是本土的美国人——而且就其人性最深层次而言，他应该被归化。

这一教学法本身存在着的问题可以借由我在上文中介绍过的那些说法体现出来。问题的本质在于找到由几个极端构成的组合，其中包括知识（诸如演讲、笔记大纲、测试等各种相关工具）的传送、升级（与此相关的学术说法是研究，或者更精确地说，"我的工作"、原创贡献等等），以及散布（也就是入门课程、报道等等）。

尽管不免有些哀伤，但是传输和升级之间的对立——散布可以视作一个临时的中间状态——已经彻底占据了高等教育机构。在美国，这一局面在很大程度上要归因于建国早期人们对德国大学模式的倾情拥抱和最终接受。曾经在 19 世纪早期担任普鲁士

106

---

① Hofstadter & Smith, *Documentary History* I, 93 - 94.

王国教育部长的威廉·冯·洪堡就将大学描绘成一种其"独立和自由"需要得到切实保障的机构,因为其使命是"调查和研究",所以将所有的知识都视为"尚未被人们彻底解决的问题",大学知识从情感上献身教育而不是直接地献身教育。[1] 而在另一方面,纽曼则在《大学的观念》一书的前言中大胆地断言,大学应该是"一个教授普遍性知识的场所",其终极目标是"对知识的散布和扩展,而不是让知识得到升级",后者更应该交给专门的学会。因此,尽管英国的制度性因素和德国有所不同,但是教学模式上的分歧现象则并无二致。

这两种不同的努力对于某些事情来说既有益又有必要,但是身处在共和国中的公民所应该接受的教育而言则并非如此。对于后者而言,需要另外一个中间性选择,我称之为"探询",这是一种教学不分甚至教学相长的活动。如果说模仿苏格拉底(*imitatio Socrati*)本身算不上是一种莽撞举动的话,那么我还可以将探询称为苏格拉底式的活动。对于这种活动而言,并不存在任何为信息库增加新信息的初衷,与知识的新与旧也没有什么关系,其本意更多的是对事物变新进行思考而不是对新事物进行思考。从正面来讲,探询活动体现了一个意图——该意图的实现更多地依靠欲望而不是才华,因而潜在地看该意图具有普遍性——就是对自己的所行、所言、所思具有充分的自觉。只要这个意图能够巧妙地转化

---

[1] Wilhelm von Humboldt, *Humanist Without Portfolio*, *An Anthology of the Writings of Wilhelm von Humboldt*, Marianne Cowen, trans. (Detroit: Wayne State University Press, 1963), pp. 132 - 133.

为一种秩序井然的公共进程，那么探询也就变成了实际的教学活动。这样的教学是一种实践中体现出来的智慧，或许体现出了对智慧的实用之爱，其对于人类特性的主要要求是某种骄傲的无耻感。但是，多说无益，无法更形象也无法更生动。

107

至于说到学习计划，我不得不抱歉地告诉大家，就其表现形式而言，它在一定程度上是不可或缺的。这一点反过来也表明在这样的计划中并不一定能涵盖所有有用的学习——当然，这也恰恰就是计划之所以只不过是计划的原因。1828年的《耶鲁教职员工报告》就曾经对此给出了极为经典的回应：

> 但是，一定会有人提出疑问，为什么学院的所有学生都需要步调一致、齐头并进？为什么不能让每个人自我选择那些最对他胃口也和他未来致力于从事的职业关系最紧密的课程呢？我们能够给出的回应就是，在预先设定这些课程时究竟哪些科目能够被涵盖进来，我们的标准是看这些科目究竟是否能够让每一个致力于获得全面教育的人真正理解和掌握。它们不应该只关注任何一种特定的职业或者艺术的特殊性……学院提供的学习课程并不等于需要给学生提供一切机会，让他们能够接触到每一种知识。真正的目标不是要终结所有的学习，而是为未来的学习打下基础。[1]

---

[1] Theodore Rawson Crane, ed., *The Colleges and the Public*, *Classics in Education* no. 15,(1963), pp. 94,89.

另一方面,必须完成的学习课程则需要以一种坚定的信念和信心去全力以赴,这样它们才不会在一开始就面临来自各方面的阻力。而且一旦这些课程开始学习了,也就不太可能反遭到学生的拒绝,因为这样的拒绝只可能发生在一些特定的情境下,那就是"下判断的人所假定和知道的不是技能,他说这种技能是不存在的……我希望他们能够上这些课程,能够厌恶自己的无知,不让无知占据上风。因为如果他们上了这些课程,那么我们所听到的将只有各种赞美、各种证据、各种崇拜和各种荣耀"(马尔卡斯特,《立场》,41)。因此,就一本未曾读过的书来讨论其相关性,从教学角度来讲是在做无用功。

谈到学生的偏好,最核心的选择应该是他们是否应该接受教育。正如我前文指出的那样,有一个合乎情理的说法,那就是,尽管在一个像我们国家这样建制得当的共和国,真正的教育对于让公共生活变成最佳状态是至关重要的,平常的教养本身也可以使人在公共生活中表现得体,但是这种得体的行为却可能因为高等教育的强迫性制度而变得颓废堕落。但是,一旦我们做出了选择,那么我们完全可以凭借年轻学子追求真理的热诚勇敢和年长者相对成熟的需求来让他们心甘情愿地接受一种谨严的学习计划,尽管这样的计划很可能在当下不能特别明确地和他们个人的关切产生关联。除此之外,在文学世界和共同学习的社群中结成的友谊很难在学校以外的地方获得。乔·巴洛曾经说过这样一句切中肯綮的话:人文科学就其本质而言具有极强的共和精神,"相互交流,其乐悠悠"。

### 教育方法

紧接着我还想提几个观点。首先，不只是私人的品味，还有在传统第一次被摈弃时淡出人类视线的公众理智，都能论证学习经典文集的重要性，这些文集主要包括诗歌、科学和哲学知识，我称之为传统。我有理由认为下列情形都是给定的事实：这一文集的核心部分在认真投入的学生当中已经颇为根深蒂固了，对于边缘部分的长期争论只能起到重新激活一体之感的作用。列举这些图书从教学角度是不可避免的，但是将之作为一种先入之见则显得有些荒谬。其次，也是更为特殊的一点是，我想提议，到传统中去发现精确学习的内容，这些学习内容尽管在我看来为学术探究提供了最佳帮助，但是对于学会如何在美国生活也是至关重要、必不可少的。

让我用富有经典内容的培根式的形式来纠正一下我的观点。有人反对利用古老的"能力心理学"，对此我觉得应该持开放的态度。但是在我看来，下面这一说法本身就足以说明问题了，而且归根结底会体现在这些问题上："当我有序而醒目地记下我自己的读解的时候，唯一要考虑的就是留给另一个人的痛苦，当然前提是他发现自己内心并不一样痛苦。因为这种理论是不承认其他的演示方法的。"（霍布斯，《利维坦》，引论）

首先谈谈作者。在我看来，传统主要源于这几个来源：一是人类的想象力，这是一个蕴藏在人们内心深处的容器，从内部来完成对于视觉和听觉形象的生产与再生产；二是人类的理智，这种能力体现为对各种事物和观点进行把握和分类；三是人类的智力，这是一种对思想本身进行思考的能力，一种反省能力。对应于这些能力的第一个成果是诗歌,这个词在英语中是"制作"的意思,或者从最广泛的意义上来说是指虚构出来的形式或者内容;然后是通过理性来建构的关于整个世界的知识,也就是自然之科学;最后则是哲学,正如这个词语本身就显示的那样,是对智慧之爱结出的果实的描述。无须赘述的一点是,好的诗歌本身同样也受人类智力的启发,而科学理论最初也是由人类的想象力开启的,哲学则通常终结于神话,当然,在这方面,可能还有不少非实用的人类活动未被我们理解和掌握。

现在,已经很少有人再辩驳说,诗歌之所以比其他知识更趣味盎然就是因为它诞生的时间更早——杰斐逊也并不是因为荷马是第一个诗人而认为他是诗人中最好的一个。事实上,如果根据苏格拉底设定的"体现真正艺术的悲剧诗人同时也是一个喜剧诗人"这个标准(《会饮篇》,223d),伊丽莎白年代的某个诗人远胜任何一个希腊诗人。在旧时代,也没有哪个受过教育的人会认为,为了理解维吉尔而阅读荷马,为了理解但丁而阅读维吉尔,为了理解弥尔顿而阅读但丁的做法是有益的——这样的话每一首诗最终都会成为某种附属物。诗歌传统就其本质而言绝对是超越时代的,最古老年代的以及最近年代的诗人都可以随意地混杂在一起来阅读,当然也可以按照一定的进阶层次来阅读。(有一点还是比较清楚的,那就是,欣赏能力的提升标准并不完全适用于诗歌的创作,后者作为一种技能处于一个稍纵即逝的传统当中。)要让一个诗人被很多人了解,所需要的无非是精到优美的翻译而已——很显然,杰斐逊那种对经典原文的偏好必须放弃,这虽然令人感伤但也势在必行。足够引发我们好奇的一点是,老师们发现,尽管翻译导致诗味大失，但是在诗歌领域，学生们对阅读原文的需求是最低的。

面对西方宏大高贵传统的不断式微，确实还存在着一种倾向，那就是，以一种忧郁而不失激情的方式弘扬诗歌、音乐和美术当中的经典作品。尽管或者因为事实也如此，但是我们最好还是不要关注那种感伤情绪。无论是哪种情况，在考虑到诗歌传统时，关于教学方法和教学手段的交流都比关于该传统是否重要的争论更有必要。举例说，感性能力的培训达到什么程度才能使之成为一项特别的思想修养，到什么程度能使之成为一种欣赏品味，这本身就是一个问题。但是，无论人们以什么样的方式来研究诗歌，诗歌对我们人类来说永远是不可或缺的。很显然，共和国是为了公众和个人能够追求幸福而建立的，这种追求必须辅以共同的涵养和源源不断的愉悦之感。因此，没有谁比我们更需要这一种楷模的形象来回应我们的内心生活、指导我们的公共行为。而这一切正是诗歌的用武之处。

接下来是对科学的学习。很少有人会否认对自然界的研究是渐进式的，也就是说，它是一种通过不断地替换过往的系统，把它们转换成特殊的情境来向前推进的。这一事实也使得这样一个问题显得特别重要：为什么传统当中早期的奠基性作品应该成为学生们必修的知识？为什么当代对同样问题所做的更成熟但却更精简的处理在教学领域不应该急于求成，也不应该用更多时间来推动？如今，但凡教育的目标是让学生成为专业的科学家，让他能够一直处于"前沿"，并且一直致力于获得"突破"（这里倒确实会有这种突破），那么由最先进的科学家来进行的最成熟的教学就毫无疑问是最具价值的。但是，更多的公民并不期望自己来推进科学发

110

展,他们希望自己的生活中能用到科学和科学成果。这样一种潜在的努力从思想上讲是趣味无穷的,因为科学可以成功地为自己戴上知识(*scientia*)的冠冕,更有甚者,因为科学当中存在那么多美丽耀眼的事物和优雅得体的理论,如果我们视而不见的话,那不仅是一个遗憾更是一种耻辱。但是,这里最重要的一点是,关于知识本身的知识,换句话说,关于自然的科学的知识对于我们人类的自我认知而言是不可或缺的:因为自然仍然包含着我们人类这个物种,也因为我们所处的环境是通过自然的科学而被改变的,还因为对自然的研究本身就是人之为人的核心模式——但是最重要的,是因为确实存在着这样一种不可忽视的说法:自然本身既是我们人类的自我投射,也是我们人类的自我创造。因此我们可以得出这样的结论:只要科学不是从专业角度而是从反省角度被研究,那么,对于人类来说,科学就是教育当中一个不可或缺的组成部分。

　　如果教科书的品质是上乘的,而科学家也是有天赋的,那么上述情形的发生原则上也不是不可能的。但是,因为某些原因——多数情况是因为科学家太聪明、太野心勃勃而颇不耐烦——这种情况很少会发生。这里让我举一个我所谓的反省式科学研究的实际案例,即便是在基础科学课程中这种现象也几乎不可能发生。我随手翻开四本比较有名的基础物理学教材,每一本从一开始都会提到运动科学中的二维的数量,也就是我们通常所称的速率。(这里所说的二维的数量是指基础数量的复合数,就像速率,S/T,就是空间 S 和时间 T 的复合数。)因此,据我观察,这四本书一开始都略过了人们可能会问幼稚问题的节点。但是,试问有谁能够不经反省就能理解：时间以及我们在其中生活以及安身立命的空间，究竟是如何转变为构成一个比率的量级的呢？而这些量级最终又是如何依次被转化为组成一个有理数的数量的呢？所有这些问题在我们的教科书中都被视为完全脱离了物理学的实际范畴。而且，在科学哲学或者科学历史这种抽象的知识领域，上述问题也不被认为需要及时地给予回应，只有在真实的基础科学的实际情境中，这些问题才被考虑。但是，我们必须考虑这些问题，因为我们问题重重的现代性恰恰就是上述变化的产物。

从更宽泛的角度来看，对于共和国的公民来说，至少以最基础的方式，绝对有必要理解自然究竟是如何演变成科学包括理论科学和实践科学的研究对象。同样有必要的是，要认真地去考量世界从一个地方转化为一个"环境"，自然从一个来源转化为一种"资源"的过程。这样的转化并不是一种邪恶的强制性发展，而是这个世界上一个全新而激进的存在模式——技术——的现象级伴生物，而技术所遵循的知识原则是科学。而且，因为这样的问题，从过去到现在都普遍被认为带有政治性，所以我们的观点是比较完整的。

同时，我们也有必要反思科学在重新解释人类事务过程中所扮演的角色。我们的语言显示我们相互"联系"，相互之间存在"互动"以及参与"动态"关系。这是关于运动物体的物理学的语言，那些使用这种语言的人应该理解其所表达的内容。

接下来，我想指出的是，对于我们来说，我们要么回归本源，要么承担后果，而这对于我们来说要么是一种传统，要么是一门技艺。对此进行的辩论从主体上看首先还是一个教学法问题。现代科学领域的最早一批发现者对于幼稚的基础性问题仍然持开放态度。以《关于两门新科学的对话》这本物理学开山之作为例,伽利略专门针对我在上文提过的速率(或者说速度)这一指标的设定写了一篇小论文。① 对该论文的深入研究(当然也伴随一些相应的实验室研究工作)的结果表明,其对上述问题而言,与其说是不可或缺的,不如说是切合实际的——更不用说伽利略算得上是有史以来最具魅力的科学作者这样一个事实。很自然,学生们至少需要拥有伽利略所掌握的那些基础性的数学知识。令人感到欣慰的是,这些预备性的作品——其中占据首要地位的是欧几里得的《几何原理》——绝对不只是一些观点和技巧的汇编,它们本身都是有助于人们思考的重要工具。正如我在第一章中所提到的那样,历史上人们一直认为掌握这种数学知识是学习哲学的必要准备。柏拉图学院的大门上,据说就刻着这样一句话:"不懂几何者不得入内。"②而且,一旦学生们学会了这些知识,那么,伽利略、开普勒和牛顿的著述就能比所有精心设计的貌似聪明的傻瓜物理学更有力地扫除人为的困难,这种困难用虽然不恰当但是却颇有启发的语言来说就是"两种不同的文化"③。

为阅读来源所找的这些直截了当而又合乎情理的理由可以归结为一个微妙的哲学理论。我们可以说,这些来源不仅就教学法

---

① *Third Day*, *On Local Motion*, "Uniform Motion".

② 参见 *Euclid's Elements* I, pp. 1 - 5,该引语出现在亚里士多德的评注中。参见 Liddell Scott, *Greek-English Lexicon*(*ageometrétos*)。

③ C. P. Snow, "The Two Cultures" (1959), *The Two Cultures: And a Second Look* (New York: Mentor Books, 1963), pp. 9 - 26. 这里一些令人不悦的说法主要包括仍然将那些二分化的退化现象归纳为"文化",而且断言说这是科学分支,而不是人文分支,"本质上昭示了人类的未来"。

而言是非常便利的,而且从哲学角度来看也是很有必要的,其原因在于科学本身具有渐进性的特征。在每一次更新迭代进程中,科学事业都会进入一个更高更抽象的状态,不仅远离而且忘却其能够立即辨认出来的起源。这里面有一个意义的沉淀过程。[①] 很显然,对于科学起源的研究只是在最偶然的意义上成为"科学史",因为科学的重点并不是要精确地描绘过往的情境和结果,而是要恢复那些恰当地属于当下的内在意义。

如果说诗歌著作本质上是不受时间影响的,而科学发现,按照牛顿的说法是"站在巨人的肩膀上"[②]实现的,那么哲学著作与上述两种方式既密切相关又毫无干系。几乎所有的哲学著作都针对前人提出问题,而前人因为早已过世显然是不可能给出相应的回应的,但是他们的问题却被其对手的传人激活了。因此,哲学传统也会发展,但却不是渐进式的发展,而更像是一种螺旋式发展,周期性地回到同一个位置,只是每一次都会有所上升。可是,我这里所说的上升其实是极其可疑、极其有问题的上升,事实上很有可能

① Edmund Husserl, *The Crisis of European Sciences and Transcendental Phenomenology*, David Carr, trans. (Evanston: Northwestern University Press, 1970), especially App. 6, "The Origin of Geometry," pp. 353 ff.; Jacob Klein, *Greek Mathematical Thought and the Origin of Algebra*, Eva Brann, trans. (Cambridge: The M. I. T. Press, 1968), especially ch. 9; Klein, "Phenomenology and the History of Science," *Philosophical Essays in Memory of Edmund Husserl* (Cambridge: Harvard University Press, 1940), pp. 143 - 163.

② 更早出现在 *The Metalogicon of John of Salisbury*, *A Twelfth Century Defense of the Verbal and Logical Arts of the Trivium*, Daniel D. McGarry, trans. (Berkeley: University of California Press, 1962), p. 167, n. 190。

是一种下降。"在机械艺术当中,第一个设计者所走的路是最短的,随着时间的推移,该艺术会有所增益,有所完善;但是在科学领域——也就是哲学,可以以柏拉图和亚里士多德为例证,通常第一个作者会走得最远,随着时间的推移,其内涵会有所减损、有所腐坏。"(《学术的进步》,I,iv,12)上述倾向可能是不可避免的。在哲学领域,所有的后继者都毫无例外地不过是拾人牙慧的追随者,其作品的最初洞见是深刻而原创的,对其演绎会日渐疲弱,对其解释会日渐平庸。这是完全可能发生的现象。这种可能性还必须这样加以考量:在哲学领域,藐视的原则始终存在,纯真性、即时性和天真性的丧失就其本质而言也伴随着深刻性的丧失。这样一种颇具复杂性的丧失很可能不仅体现在日常的发展进程中,甚至还体现在那些更激进、更唐突的对经典的重新解释中,这种重新解释标志着哲学传统的不同时代,该传统超越了古今之间的巨大鸿沟,而我们这个国家恰恰是在这样一个鸿沟之上孕育的政治实体。哲学是一种进步还是一种衰退,是一个顶点还是一个螺旋,这一问题本身就是现代社会被人们热议的诸多问题之一。但是,值得注意的一点是,至少还有那么一个哲学家,很明确地认为哲学的进程是渐进式的,而且他并没有因此而认为自己可以放弃对传统的学习:"欧洲的哲学传统有一个最确定的总体特征,那就是,它是由一系列对柏拉图的注脚组成的。"(怀特海,《过程与实在》,II,i,1)

更重要的是,传统必须原汁原味地加以呈现。对传统进行二手呈现的一个反对理由是传统的不确定:"知识需要像一根有待编制的线那样来传递,如果条件允许的话,应该以其最初被发明时候的方式来传递和接近。"(《学术的进步》,II,xvii,4)也就是说,依靠

教科书是几乎不可能让人们学会自我思考的。一般来说,这样是
非常合理的：那些有能力进行深入探询的作者也有能力找到可与
其含义密不可分的相对应的术语和形式,以至于以另外一种方式
来表达就相当于表达另外一件事,如果用后继者的说法来传递原
作者的意思就相当于对后者的意思的破坏,只有原始的情境才能
减轻翻译所带来的有时候难以避免的罪孽。另外,学生们会足够
长时间地悬置他们的怀疑态度,从而有可能思考问题,这包括两种
情形,一种是在他们碰到复杂的原始文本时,一种是他们遇到向他
们"讲授柏拉图"的人的时候,后者会提到有关他"相信""理念"的
某种遥不可及、不可思议的异端邪说以及其他不可理解的事物。
因为这样一种既有诱惑又很麻烦的接触,学生们甚至产生了一种
去学习原始语言的冲动。

　　但以上这一切都不能作为解释一个公民为什么需要阅读哲学
典籍的理由,尤其是当人们听说我们这个国家的原始理念是实用
主义的时候。事实上,关于美国信奉的是实用主义的判断其实只
是陈旧的布丰观点的另一种形式而已。布丰认为美洲大陆上的人
的本性已经堕落了(针对这个观点,杰斐逊在《弗吉尼亚笔记》一文
中进行了猛烈的抨击和反驳),这样说就意味着美国人的本性"无
法承当理性的反对"。当然,如果其所表达的意思是美国人特别偏
爱被称为实用主义的成熟老到的哲学观点的话,那么其言外之意
是他们确实会哲学化,而且很强烈地坚持这样做,因为一个实用主
义者必须通过实践来对其所有的观念进行追本溯源,从而测试这
些观念是否是真理。但是,如果其言外之意是,从他们的建国之父
开始,他们就已经习惯于聆听"合理性的声音而不是理性的声音"

的话①,那么我们就能为哲学教育提供真正站得住脚的理由。因
为那才是对一个前哲学状态的精确描述:这个国家的构造是靠各
种推理来完成的(关于这部分会在关于理性的那一章中进行更深
入的探讨),其建国文件所依据的是在我们看来能够不证自明的真
理和整个国家全力以赴的主张。但是,在这个世界上任何一个理
智作为合理性来发挥作用的地方,反省都是既特别自在也特别被
需要的。在这里,我还要指出在最后一章中才会提到的一个情境,
那就是,哲学在最基本的意义上主要关注的是共通的问题和公共
的问题,在考虑到共和国时则主要关注其典范。

但是,阅读哲学家著作的最佳理由,至少在最初的考量下,是
超政治的理由。有人可能会辩驳说,智慧之爱本身就是人类卓越
性(*par excellence*)的标志。在古代城市,人们在最广泛的意义上
按照传统来生活,哲学化被某些人视为非常可疑的一种活动,而被
另外一些人视为最高贵的行为,但是,对于最理解哲学的人来说,
哲学化却是两者兼而有之。尽管如此,正是因为哲学是一种卓越
性的体现,它就不可能是一项普通的要求。我想指出的是,我们现
代人恰恰因为作为现代人才会要求哲学化,因为我们的生活受理
性的启发,这种理性既有非物质的部分也有物质的部分,另外,我
们的生活还受形形色色的理论、技巧、工具和机器的影响。上述每
一个因素都是理性的产物,都是针对我们人类的理性而建构的,而

---

① Adrienne Koch, "Pragmatic Wisdom and the American Enlightenment," *The
William and Mary Quarterly* 18, no. 3(1961): 329. 关于内在关系极为紧密的
哲学社群之所以能够在美国得以生存,参见 George Santayana, *Character and
Opinion in the United States*, ch. 2.

我们人类的理性，如果不从哲学传统的角度来考虑，随时可能会因
为一种让人不安的似曾相识的幻觉而惊醒。有一种环境由两样东
西构成：一是历史留下来的有思想深度的演讲，一是持续不断地
散布貌似合理的满口胡言乱语但又无法解释的理性物体。没有什
么能够比这种环境更能微妙地扭曲我们人类的心灵了。这一不断
蔓延的庞然大物是由那些伟大的哲学著作制造出来的，这些著作
同样也是一种转化手段，把我们长期压缩的困惑转化为既关注又
疏离的目光，苏格拉底称之为"惊奇"："惊奇——正是一个哲学家
独有的爱好。"(《泰阿泰德篇》，155 d)这对古人来说是一个有代表
性的登峰造极的产品，而对于我们来说则是一个通常的必需品。
也就是说，归根到底，这是对我们的进步的衡量。

　　不可否认的一点是，我们在这里提倡的学习方法体现了初级
的哲学意志①——就像每一个教育或者培训计划自觉或者不自觉
地体现的那样。任何一门阅读课程，如果说得高端一点，都需要一
种诠释学(hermeneutic)，即一种解释性工作。② 这一工作是对关

---

① 谢林出版于 1803 年的著作《大学学习方法演讲录》(Lectures on the Method of
　On University Studies)是关于对一种制度进行的教育方面的解读的实例，但是
　它本身需要投入巨大的精力，因此反而显得这种做法非同寻常。参见 F. W. J.
　von Schelling, On University Studies, E. S. Morgan, trans. (Athens: Ohio
　University Press, 1966)。

② 举例参见伽达默尔的《真理与方法》。Hans-Georg Gadamer, Wahrheit und
　Methode, Grundzuege einer philosophischen Hermeneutik, 2d ed. (Tuebingen:
　J. C. B. Mohr, 1965)，尤其应参见"Hermeneutik und Humanismus," pp. 477
　ff.，英语版即 Truth and Method (New York: Seabury Press, 1975)。

于传统的历史研究被人们摈弃之后的一种正向补充。我已经指出,这样的研究招致了所有的问题,因为如果文本本身像大多数重点著作那样假定思想具有激进的原创力量,那么通过提供思想的历史背景来对其进行解释,这样就会在人们开始阅读这些文本之前就否定其中所蕴含的真理。基于我自己的经验,我拒绝接受如下教学观:如果不做上述准备,学生是不能阅读相关书籍的。这种观点在很大程度上相当于说教师其实是在怀疑学生的智力水准。

因此,更正面的预判恰恰应该如下:我们对待每一份文本的态度都应该是承认它可能包含着真理,我们应该要求学生们自问一下,自己正在阅读的一切是否是真实的。但是,通过这样来界定这一问题,如果还采取最尖锐的形式,我其实已经在明确地呼吁大家关注教育著作的窘境,也就是说,即便是最平淡的教学计划也都会牵扯到深层次的假定,也可能是隐性的假定。这样的窘境从来没有得到化解。阅读的潜在原则显然与学术界的常规观念相悖,而要把这一原则背后的力量说清楚,就相当于把对某些哲学著作的解释展示出来,因为大部分传统都渴望找到决定自己的存在可能性的各种条件。即便我没能超越具体情境去挖掘实质问题,我至少可以说,在我看来,有一个有效假定是最有必要、最具约束力的:理性的言说即逻各斯(*logos*)确实存在。

我应该再补充一点,追求可能的真理这种高要求并不意味着在某些时候,对于那些不那么被公认为有历史地位的图书就可以忽略不读。历史上确实有不少图书,质量并不怎么样,但由于某种机缘巧合而产生了巨大的影响。在阅读这些书的时候,人们也许同样带着严肃的态度,甚至怀有真切的信仰,但是,这些书并不能帮助人们看透事物的本质,而只是有助于人们深入了解当时的主流观念而已。花时间去读一下这些书,只是一种重要的政治职责——当然我们绝不能只读这些书。

最后,还有不少书籍恰恰因为他们对解释性原则的摈弃而肯定了对该原则的明确界定。这些书绝大部分都是新近的现代的书,它们贯穿着这样的观念:人类的孩童时代最终塑造了成年后的思想,或者人类的经济起源决定了人类最重要的立场。如果我们完全按照这些文本本身提出的标准来阅读它们,那么它们在任何成熟的意义上都无法讲述真理;如果我们用这里提议的原则来阅读它们,它们在这种特殊的情境下反而落下一个声称谬误的罪名。我之所以提出这样一个观点,完全是出于一片真心,我想要展示这样一个事实,那就是,这里所提倡的阅读原则,并不是一种单纯的形式主义,它在某种意义上是排他的。但即便如此,该原则也至少会要求大家以一种时不我待和严肃认真的态度来看待所有的文本。归根到底,作为一个有效的原则,其教学意义大于哲学意义。

再来谈一谈艺术。在前文中,我已经讨论了历史上伟大的作者;接下来,让我简略但不太精确地讨论一下作为传统的补充部分的自由艺术。

自由艺术应该成为备受推崇的提升人类省察力的入门课,展示这一点的最佳方式是将自由艺术与其他知识分类模式区分开来。

117

　　自由艺术从本质上来说是知识的辅助手段。根据中世纪作者的说法，艺术和伟大"品德"（aretē）的规则"捆绑在一起"（artant）①。从语源角度来看，艺术是休闲的意思，但是其真实含义却不是这样的；艺术是由很多规则组成的，其中包括理智、实例、例外、修炼——但这些因素只是偶尔才发挥作用。艺术的规则和程序是经过时间检验的，而且是按照教学经验来设定的，很多时候甚至倾向于遵循其内在逻辑秩序。因此，艺术可以激发人们的探询技能，而经典作者则是在传递知识观念。举例说，欧几里得在《几何原理》中提出了著名的第五命题"驴之桥"②，也就是"等腰三角形的底角一定相等"，这当然构成一个命题，但是人们研究它的论证过程并不是纯粹为了寻求真理（因为这个结论是一目即可了然的），而是为了学会更好地区分特定的知识对象，并且在这些对象身上执行基于规则的推理。（有人说"驴之桥"——平面几何的第五命题——是维科的数学研究的没落，这种说法能够说明一定的问题，但其本身几乎带有喜剧意味。维科是现代史学的奠基人，而且正如我在前文已经提到的那样，他很早就倡导用人文主义来对抗自然科学。）将自由艺术和经典作者并列在教学上是有用的，也有助于人们省察"了解方法"与"思考问题"两者之间的差别。

　　在这里，我们需要关注的是，当我们带着目的性和哲学上的正当理由，把艺术运用到某一领域当中的时候，就像把数学运用到自然当中、逻辑运用到思考当中、音乐运用到治疗（举例）当中那样，

---

① John of Salisbury, *Metalogicon* I, 12.
② *Euclid's Elements* I, 415.

艺术也可以产生方法。这一点我们必须注意到。再说,其中一门或另外一门可能会被统称为是一种"普世的艺术",就像笛卡尔研究数学而发现了"解析方法"(《指导心灵的规则》,第四原则)一样。就像人们经常指出的那样,将解析方法作为中性的知识工具传授给学生,其实相当于不恰当地给年轻人灌输某种信仰,这种做法的作用力同样非常强大。无论是哪种情况,艺术和方法都不可能教会学生如何去思考。事实上,只有你能教会人们如何存在,你才能教会人们如何去思考。这是一个引导其与生俱来的求知欲的问题;一个学生是可以"被教会如何去学习的"(《耶鲁报告》,1828年)。

同样,作为一种知识分类,既区别于艺术也区别于作者的是学科。学科是知识进步的共生产物,培根的《伟大的复兴》就涵盖了他所提议的各种历史的名录,每一份都是专门知识的未来学科的教材,例如陶器史——这将是典型的专著,就像任何现代学科例如考古学一样。学科会用到方法,也是基于被称为理论的知识决策而建立的。学科也有一个值不值得尊重的标准——客观性。现代知识的无限平面被拉平了,被分割成不同的学科,造成这种分割的是真正革命性的剧变,是知识领域的天翻地覆。探询的方式不得不变成方法,沉思不得不变成理论,存在和表象不得不变成主体和客体。学生们进入大学,至少需要熟悉某些知识学科。为了了解自己究竟掌握了多少知识,他们必须获得一些时间来接受强制性的基础性教育,然后才能在他们自己选择的学科领域从事高级研究工作。正是在这些方面,阅读原创性作者的著作才能确保人们摆脱各种成见,获得最大程度的自由:他们讨论的主题尚未壁垒

118

森严,知识的分割仍然显得可疑。而艺术,仍然体现为技巧而不是内容,这使得其所在的知识世界处于一种不确定性之中。这样一种准备在我看来是极为重要的,对于那些选择了社会研究(从政治理论中脱胎的科学怪胎)的学生来说尤其如此——这类研究对于现代共和国的公民来说趣味横生、影响重大,但作为本科生教育来说问题多多,实在不太适合。

另外,在艺术自身所在的领域也发生了致命的分裂,这种分裂对我们反思学术状况来说也是必不可少的。正如前文我们已经提过的那样,这种分别是有意义的言说的艺术和可理解的事物的艺术之间的分别。让我们重新概括一下:"三艺"涵盖了传统意义上的阅读或者语法艺术,也就是文学;以说服他人为目的的演讲或修辞(用我们现代人的话说就是"沟通");还有就是逻辑,也就是将演说即正式语言之间的关系串联起来的艺术。四艺则涵盖了数学或"可以学会的"艺术,这样说是因为它们所关注的是可理解的物体,这些在传统意义上是按照不断增加的有形性来排列的,从无维度的算术到平面几何和立体几何,再到天文学(将数学知识应用到移动物体上)和音乐(研究进行和谐运动的物体,即物理学)(《理想国》,VII,525 ff.)。

我之所以要对传统艺术的教育计划加以重新概括,只是想要指出,这种计划如果在教室里能够一一实现的话,还是具有一定的教学价值的。它可以鼓励学生将语言和数学视为在本源上即相关的东西,两者同样容易被接触、被掌握,是完全兼容的人类技能。(而且,巧合的是,对于大多数学生都需要的语言和数学方面的某些额外培训来说,上述计划还能提供一种有利于反思的环境。)与此同时,该计划还能激发人们去探讨语言和数学之间的差异以及人文与科学之间的鸿沟在现代产生的起源和原因。

最后,如果有谁这样断言,那肯定是荒谬的:旨在发挥基础性作用的各门艺术足以为现代知识的任何一个分支带来胜任力。但是,我确实没听说过存在这样一个教育计划。大多数这样的计划越是急不可耐地增加覆盖面,越是会令人尴尬。胜任力是研究生院、专业学院和技术学校关注的问题。在另一方面,自由艺术计划则是经过时间检验的可信的计划——语言和数学事实上是人类理解力的两大基本活动,这一点至少是说得通的——同时,因为它们是最基本的技能,因而对于新事物也总是适用的。对于一个教师队伍而言,为了艺术而放弃学科和院系之分,并不是一个充分条件,但应该算得上是一个必要条件。

# 第三章　理性

## 作为公共模式的理性

　　托克维尔《论美国的民主》有一章的标题是《美国的哲学方法》——该标题读来令人深感震惊——他以此开始了对美国市民社会的深入探询：

> 我认为，在文明世界里没有一个国家像美国那样最不注重哲学。美国人没有自己的哲学学派，对欧洲的互相对立的一切学派也漠不关心，甚至连它们的名称都几乎一无所知。

> 但是，我们又不难发现，几乎所有的美国居民，都在用同样的方法指导他们的头脑，根据同样的准则运用他们的头脑。也就是说，美国人虽然从未下过功夫界说他们的推测，但他们却有一个大家共同的确定的哲学方法。

> 摆脱一统的思想、习惯的束缚、家庭的清规、阶级的观点，甚至在一定程度上摆脱民族的偏见，只把传统视为一种习得的知识，把现存的事实视为创新和改进的有用学习材料，依靠

自己的力量并全凭自己的实践去探索事物的原因，不拘手段
去获得结果，不管形式去深入本质——这一切就是我以下将
要称之为美国人的哲学方法的主要特征。

　　但是，如果想再深入一步，从这些特征中找出一个足以概
括其余一切特征的最主要特征，那就会发现每个人在运用他
们的头脑时，大部分只依靠一己的理性努力。

　　　　　　　　　　　　　　《论美国的民主》，II，bk. 1，i①

　　对于我们来说，将这一方法运用到自然和社会，尤其是作为技
术和官僚系统来运用，其所造成的影响是如此触目惊心，以至于有
些时候我们会发现我们很难再看清其他东西。但是，在一个半世
纪之前，也唯有独具只眼才能看出这些方兴未艾的福与祸事实上
是扎根于一个国民性的哲学观念——这一观念将美国所特有的民
主特色与普世的民主制度融合在一起，最终形成了托克维尔所理
解的一个既有独特性又有典范性的政治社群。

　　也许我们可以指出，托克维尔这么说其实是在人为地制造差
别，也就是说，无论人类在哪个地方聚集，从完全由天性支配、不受
任何法律控制的穴居者到定居下来的城市人，从四处游荡的部落
到划出边境的国家，总会形成一种思考的方式，并体现为一个社
群。该方式及其社群表现会有所差异：可能是一种因为一个不断
成长的传统而心照不宣，更多仰仗自我繁殖的维护手段；可能是对
由上帝的律法所进行的一丝不苟、持续不断的注解；可能是对一种

———————————————

① 引用自董果良商务印书馆译本。

已经被确证了的意识形态的预示,这种预示还是勉力之后才能做出的正确预示。不管如何,它总归是一种社群性的"哲学方法"。

但是更深层次的差异是确实存在着的。这些使用理性的方法并不就等同于理性之道。我所界定过的西方传统的主流特征是原初的个人思维能力经过深思熟虑之后强化了其自我意识的一种活动,从最宽泛的视角来看可以将其称为理智:"尽管它本身作为构成比例也很微小……如果它就是其中最核心也最出色的那个部分,那么它甚至就可能成为每个整体本来的样子。"(《尼各马可伦理学》,X,1178a)

那么,在托克维尔的观察中,有一点令人颇感惊奇,那就是在上述方式中已经得到世俗性体现的那群人,也正是比任何其他人群"更不关注哲学"的那群人。这种未加省察的思想,这种对理智的不理智运用,我在这里称之为理性。理性的方式有别于人类的其他生存模式,在那些模式中,人们在面对世界时,总是自以为是地要求不间断地运用个人性、工具性的理智,同时辅以对清晰的解释性言辞的不间断要求。而正是这样一种理性运用过程和这样一种言语形式能够真正在人群中得以体现,并且成为一种国民习惯。只要这种哲学传统的现代阶段的奠基者们所致力于达成的目标始终是这样一种具体体现,那么,可以明确的是,美国作为西方世界的"真正西方"并不是因为它是哲学现代性的起源,而是因为它确实是哲学现代性的第一个世俗性家园。不管这样的现代性是如何和传统关联在一起的——是作为一场不断演进、影响巨大的运动,还是作为潜藏于其起源之中的一种谬误的巨大投射,又或者,是作为开端的一种意外腐败①——正是在这个大陆上,它实现了成为值得效仿的典范的历史使命。

对这个现象,托克维尔给出的解释是,归属为美国人的这种"哲学方法"尤其适合美国的民主状况,但是这种方法的发明却先于民主的理论和实现。其发展历程是这样的:肇始于16世纪,到17世纪早期开始引荐给全世界,在美国真正扎根则一直要到18世纪后期。我们据此得到的一个启示是,这样一种方法在一定程度上确实可以被视为民主的来源,但又比托克维尔所总结的更加丰富,这个推断非常宏大,宏大到无法再详述。② 但是,不可否认

① 举例说,弥尔顿将天使的第一次堕落基本上解读为引入科学世界——这种提倡分裂和区隔的活动。那条喝过本被禁忌的知识树上的"智慧汁液"的邪恶毒蛇,不停地蛊惑夏娃,向她展示它不仅活得好好的,"而且能认知,能说话,能推理,能辨别,在此之前,都是没有理性的"(《失乐园》,*Paradise Lost*,IX,765)。因此,在世俗层面,海德格尔追本溯源,认为这一错误的出发点是在传统的最初起源那里,在当初形而上学诞生的时候(*Nietzsche*,II,viii,"Metaphysics as the History of Being" [1931])。有一种看法把现代性理解为人类进步历程所到达的高级阶段,这种看法我们所有的建国之父都认同。最坦率、最直接、最不加掩饰地坚持这一观点的欧洲人是对杰斐逊产生最大影响的孔多塞,参见他的《人类精神进步史表纲要》。

　　而在另一方面,在"古代人和现代人之间的争论"的漫长历史过程中,那些勇敢地站出来为古代人辩护的人通常会坚持认为,现代性这个概念本身是一个不断败坏的新发展,但是,这种发展一部分是古代那些被抛弃的选择的复活,一部分是对基督教的世俗化的曲解。不言而喻的一点是,我自己的探询把现代性看作一种有断裂的延续,对古代传统采取既弱化又活化的态度。

② 托克维尔提出过这样一个观点,即美国人对这种方法的掌握不是通过读书获得的,而仅仅是因为民主情境在发挥作用而已。对此,我们可以做相反的论证:正是民主才产生一种与之匹配的哲学。但是,短暂地看,有一点似乎特别引人注目,那就是,约翰·洛克作为一个经常在方法的出现与实现之间进行调解的作者,其所撰写的高度相关的奠基性著作同时横跨哲学和政治学两个领域。

的一点是,他以一种平实的手法界定了这两者之间的共同之处。原因在于,民主向来被人们理解为个人权利获得的解放,因此这一方法的核心特征在于"每个美国人在大多数的头脑运作过程中只诉诸其所理解的个人努力"。

将这样一种模式称为方法,而且将这一方法称为笛卡尔式的方法,光这一点就可以看出托克维尔真是一个典型的法国人。我不会称之为一种哲学方法,而更愿意称之为一种方法的哲学,一种拥有方法的模式。它也不是笛卡尔式的方法,至少当它刚在美国冒头的时候不是,或者,因此而言,也不是毫无意识的。美国的建国之父们,尤其是杰斐逊,都是博览群书的,但是他们更多关注的是培根和洛克以及这两位的法国追随者,而不是笛卡尔。这种特殊的笛卡尔式元素——典型的数学化世界观——在这些建国之父身上并没有明确地体现出来。① 尽管在人类的思想问题上,大的

---

① 杰斐逊年轻时代的阅读活动主要聚焦于英国作者的作品。在他晚年时期则更偏向于启蒙运动时期的法国知识分子,后者对笛卡尔的作品进行了简化和修正,这特别体现在用一元的思想实体替换掉了笛卡尔的二元实体,即思想和外在世界的"双重不可知性",并将笛卡尔的名言"我思故我在"(I think, therefore I am.)替换成了"我感故我在"(I feel, therefore I am.)。见杰斐逊致亚当斯的信,1820 年 8 月 15 日。关于这一被修正了的笛卡尔公理,参见戴斯度特·德·特雷西的《意识形态的要素》。杰斐逊从来没有提到他所受到的笛卡尔学派的直接影响,但是特雷西确实提出了这一结论。

事实上,杰斐逊在现代哲学领域的阅读活动甚至需要回溯到托克维尔在其书中所提到的 16 世纪那些源头性作品,因为他在沙朗(一个法国人文学者,其著作《论智慧》被杰斐逊誉为"有史以来道德哲学领域最杰出的论文之一")身上挖掘到了培根关于人的能力的划分方法。而且巧合的是,竟然和他自己所罗列的核心品德的名单非常一致,当然,这样的选择归根到底其实是苏格拉底的划分方法:智慧、公正、勇敢、节制。《致肖特》,1819 年 10 月 31 日。参见(转下页)

纲要几乎总是拙劣的模仿，但是在这种情况下，我们还是应该允许，至少允许进行一次粗略的总结，因为理性的模式精确地讲并不是一种特别的内容，而是一个可同化的习惯。这是一次真正意义上的思想运动，或者更加本质的一点——这是一种智力的活动，其特别设计的宗旨是使之成为一种思想运动。

　　这样一个运动给自己冠了一个体现其昂扬斗志的名称——启蒙。在这里，我显然无须辩驳说我们如今仍然处在这样的启蒙运动中。不可否认的一点是，启蒙运动因为复杂性而变得过于精细，因为多种反应而沾染污垢，因为幻灭而不断加深，特别是针对其政治效果而言。因为，正如塞缪尔·韦伯斯牧师在1777年给予自由人的第一条戒律所说的那样，当这个国家最初建立的时候，它的主要气质如下：

　　　　如果要想让人们对被奴役状态保持警觉，那么就一定要让大家积极鼓励开办学校，用各种方法来推广学习和知识。因为民众一旦拥有了一定的智慧，知道了很多事情，掌握了很多知识，就会成为这个世界上最不可能被他人奴役的那

---

（接上页）Adrienne Koch, "Pragmatic Wisdom and the American Enlightenment," *The William and Mary Quarterly* 18, no. 3[1961]：327。）据我的推测，杰斐逊之所以如此推崇沙朗，是因为启蒙主义运动最根深蒂固的特征就是敢于造权威的反，并且积极教育我们每个人"除了屈服于理智，不向任何势力低头"，参见 Pierre de Charron, *Of Wisdom*, George Stanhope, trans. （London：Tonson and others, 1729），preface。

群人。①

而一百年后：

> 思想启蒙运动作为一种手段，很显然会不断降低人们的安全感，让他们的自主意愿变得愈加薄弱，让他们更需要他人的陪伴和帮助，简而言之，会在人群中培养出那种容易被圈养的动物……无论是哪种民主制度，在这一点上，群众的自我欺骗是极其有价值的：人们被不断弱化，被他人掌管，这一点就像"进步"一样令人向往！
>
> 尼采，《权力意志》，I，129

又一个世纪之后，人们开始质疑起这种科学的启蒙运动所造成的终极实际效果，而启蒙作为关于政治的一种思维模式——作为针对社会情境而不断地、大胆地实施理性计划的一种冲动②——似乎是在自掘坟墓。

在这里我必须关注教育领域更加温和也更加具有劝说性的主导作用，但是我同时也会关注其结果的正反（阴阳）两面。在启蒙

---

① Clinton Rossiter，*The Political Thought of the American Revolution*（New York：Harcourt，Brace and World，Inc.，1963），pp. 211 - 212.

② 关于这一政治思想模式的界限，参见欧克肖特的《政治中的理性主义》。Michael Oakeshott，*Rationalism in Politics，and Other Essays*（New York：Basic Books，1962），pp. 1 - 13. 又见 Max Weber，*The Protestant Ethic and the Rise of Capitalism*。

运动的相对延长了的历史阶段中的学生们的特性，可以说每个老师都心知肚明：他们的"接触面"有多么广泛，经验有多么匮乏；他们的成熟速度有多么快，但是又多么容易被欺骗；他们掌握的理性方面的专用词汇有多么丰富，而他们的言谈又多么单薄；他们的脑袋里装了多少理论，而他们的反思又是多么空洞！简而言之，他们多么优秀，但又多么容易陷入危险境地！在本章中我想要做的是粗略地概括一下理性的某些特定的基本面向，以及内置其中的悖论，这些悖论既影响教育，又改造学生。如果在这里试图通过付出巨大的哲学上的努力来发展出这些悖论的层次和关系的话，那将会是一种愚人之举。有鉴于此，我会试图构建一个描述性体系。这样的努力之所以会面临这么大的挑战，原因在于观察理性的面向相当于观察我们自己的眼睛。我们人类的理智习惯是我们自身的功能的一个组成部分而已，要想真正地分辨清楚其前提假设非常困难。这种理性模式并不是理智本身，即智力器官；它也不是一种合理性，即一种自我节制的人类性格；它也不是合理化过程，即一种让事物能够与理智步调一致的勤勉的方法。它比其他一切都更让人难以捉摸，威廉·詹姆斯在《理性的情感》一书中精准地捕捉到了它的方式：

当我们通过运动或者思考而沉浸在绝对的自由中的时候，我们其实是沉浸在一种全然麻醉的状态中。在这种状态下，如果我们在这一时点上还愿意花点时间来评判一下我们自身的话，那么我们很可能就会同意沃尔特·惠特曼说过的话："我之所是即我之所自足。"这种对当下时刻的充足性的感觉,对绝对性的感觉——对其进行解释、担责或辩护的所有需要都不存在——就是我所称的理性的情感。

这种最具移动性的智力模式在常规状态下是一种令人感到舒适的忘却状态,尽管它很可能最终会造成某种严重的不舒适后果。我们之所以觉得很难走出上述模式,正是因为在其中我们现在是我们之所是,一如我们过去是我们之所是。

### 理性的面向

先来谈谈“自我思考”——意见。我在这里准备借用一下康德用其母语而不是用英语写就的但又颇能说明问题的一个说法:“自我思考意味着在自己身上寻求关于真相的最高标准(即根据一个人自己的理智),而那种总是为自己而思考的公理则是启蒙运动。”(《获得个人思想成果究竟意味着什么》,见最后部分的备注)“为自己思考”,尤其是在教育情境下,可以称得上是一种从不停歇的需求,有些教育者试图“促使”人们为他们自己而思考,但却完全忘记了他们自己。这种说法不显得多余吗?[①] 只是思考还不足够吗?不是这样的。这句话正是因为捕捉到了理性的第一个面向,因而具有显而易见的意义。它意味着对权威的自觉而又自主的抵抗,是一种智力上的独立宣言:思想独立,是对个人主权的确信。“人

① 黑格尔的《哲学科学百科全书》第 23 部分批评自我思考这一表达是一种冗笔,这里的说法当然不仅仅是一种发人深省的启蒙运动的表达方式,更想要表达的是其与思想的本质之间的关系。

们不再受到监护人的看管,一切指责他都自行承担,这就是启蒙。他之所以有监护人是因为在没有他人指引的情况下,他是无法运用自己的理解力的。"(康德,《什么是启蒙运动?》)这种思考过程的代理人就是自己或者自我,就是一个主体,该主体承载其自身的所有活动,并且持续地声称"我",如"我认为""我将会""我感觉"。它最恰当的工作,无论是自我意识还是一般意识,就是行使职责——积极地去收集和呈现,去对比和区分,去遵循规则和加以判断,这些都是需要投入脑力的事情。正是在自我这个最高法院面前,所有的案件最终都会得到判决。

我们这里提到了自己。这究竟是指谁的自己?有足够的理由让我们认为所有小写的自己完全等同于大写的自己吗?当然不存在。正是在现代共和国这样一个概念中,每个个人,每个最终的判决者,才有可能扮演好一个个体的角色,一个让所有其他人都无法看透的存在。也因此,我们会期待——甚至是特别欢迎——意见具有多样性:"对于有些人来说,想到我们每个人的思考都应该步调一致这一点,他们就特别焦虑,这甚至是他们唯一的焦虑。如果我们所有人的脸都长得很相似,这个世界是否就能变得更美丽了呢?"(杰斐逊和查尔斯·汤姆森之间的通信,1817 年 1 月 29 日)"正如我们的造物主在创造人类的时候并没有让我们有任何两张脸是完全相同的一样,世界上也不可能存在两个完全相同的头脑,不可能存在两种完全相同的信条",这就是杰斐逊——也是我们自己——一直坚持的永恒的主题。我们为多样性而欢呼,或者至少我们觉得有宽容的义务,换句话说,我们要容忍多样性。

但是,也是在共和国的概念中,必须有这样一个公共领地,其中所有的想法碰巧能够达成共识。在持续不断地进行启蒙努力的乐观主义者当中，杰斐逊算是真正的典范，他总是自信满满地认为："如果真理能够按照其自身的逻辑发展，那么它就必然是伟大的，而且将占据主导地位，它就将会是用来抵御错误的合适而充足的武器，从来不用因为有冲突而担惊受怕。除非是因为人类自己不断地提出异议，最终迫使它解除了先天的武装，即自由的辩论和争执，否则的话，一旦当它能够自由地和错误对抗，这些错误也就不再具有危害性了。"（《弗吉尼亚宗教自由法案》，1786 年）知识所蕴含的世界主义精神，各种理念自身所拥有的"像火焰瞬间充满了整个空间"一样的完美的可传播性（《致麦克皮尔森》，1813 年 8 月13 日），正是启蒙运动所坚守的准则，也就是那种界于个人理智的激进的自我指涉和普世的人类进步之间的必不可少的调和器和连接器。[①] 当然，这里我们所面临的难题在于，理性本身是一种模式，而不是一种内容，而且尽管这种模式很显然具有不可抗拒的自我扩展力，但是没有哪个真理真的需要由它来加以确认，更不用说需要通过它来取得主导地位。

事实上，怎么会是这样？每一个梗着脖子坚守自己独立性的思想者都一定会认为自己的观点是普适的真理，而其他人的想法不过就是一些意见而已。换句话说，在所有人都在为他们自己而

---

[①] 黑格尔在《精神现象学》中对启蒙主义运动给出了最深刻的评论，因为其内涵的辩证性令人十分信服，他使用了和杰斐逊相类似的语言："纯粹洞察的交流（也就是说，理性的模式）因而相当于一种静悄悄的扩展或者弥散，就像是在不可抗拒的空气中一股纯净的香气那样扩展或者弥散。"（VI，B，ii，a，"Enlightenment"）

思考的情形下,每个人的想法对他之外的人来说就都不过是意见而已。但这最终必然会造成影响到公众的后果:考虑到每个具有普世人性的启蒙精神的个体都从其他人的折射中看清自己,他也就必须将自己的想法视为仅仅是众多同样容易受到攻击的意见中的一个而已。这种理性模式背后的逻辑会把真正公共的意见排除在外,正如洛克曾经提议过的那样,公众行动只有两种选择,要么与由大量原子化判断构成的矢量协调一致[1],要么通过个体思维的不断退让而形成一种必然需要妥协的公众共识。

这种理性困境给学习世界所造成的影响是极为深重的。一方面,在关于学习的必要性、层级性甚至是具体内容方面并不存在任何权威的教学。没有哪个教员必须"把想法强加"给学生或者"告诉他们思考什么"。由于人类尚未学会在不依赖真理的指引的前提下生活,真理的保存就必然作为一种私人的占有物,一种不可普及、不可控制、不可辩驳、不可传授的真理,一种仅仅"对我而言是真理"的真理。

但是,人们总是需要传授一些东西。因此,一种特质也就应运而生,并且变成了普遍存在的特质。一方面,存在着"价值判断",即主观的、没有指引的、需要加以辩解的,但是固执而又无法逃避的个人意见的表达,也就是我们在课堂上经常能够听到的态度傲慢、令人不快的夸夸其谈;而在另一方面,也存在着很多严谨的、合乎逻辑的架构和不可辩驳的事实,即客观、中性的知识,没有那么

127

① 见 Locke, *The Second Treatise of Civil Government*, ch. 8,原话是:"主体必须完全跟随更大的力量来移动,这种力量就是大多数人的共识。"

高尚,但更值得尊重。但是,很自然的,但凡人们开始关注与其自身利益息息相关的问题的时候,这样一种特质所体现出的可笑的不充分性就会得到充分的认知。其中一个解决方案就是将所有的知识问题,无论是主观性的还是客观性的,都交付给专家,专家们的想法和事实将会被视为一般人自己的想法和事实而得到信任。这种依靠他人的知识的存在本身就可以让学生的两种态度都显得理所应当:一边承认对于某些重大的人类问题"我一无所知";一边自信满满地断言,那些最困难的事情"我现在知道了"。事实上,"我们"确实知晓那些最令人称奇的事情,举例说,在未曾拥有任何一点量子力学所带来的好处的时候,"我们"——尽管我们在碰到微积分时总是绕道而行——似乎都知道光会同时以波和粒的形式行进,这些物体被称为波粒子。这样一种特定的参与性知识是在扎实基础上而形成的共通能力的替代物。

现在我们面临的教学问题则变成了如何保护好真实思考的自发性,使我们在发展对具有一定权威性的专家的能力进行评估和利用时不被这些专家们所绑架。要找到这个问题的解决方案,就需要我们回顾一下为自己而思考的努力背后的真实动因。这是一种希望找到确然性的意愿,以一种毫不掩饰的姿态占据了现代性的奠基者的头脑,在现代性中,知识的安全性所依赖的是知识的自我确定性和自我充足性。在知识所经历过的冒险历程中,已经确证了的科学就如同是奥德赛一路航行途中遇到的海妖塞壬的歌声,而激进的自立精神和怀疑精神则像是斯库拉和遭人暗算之后所变成的卡律布迪斯怪物——只是令人深感绝望的确定性——这些都是这一历程中根本无从躲避的驿站。

　　所以,在思想的前现代性模式中,知识的验证问题被绕了过去。在柏拉图的《美诺篇》(80d)中,那个总是喜欢横加干涉的美诺事实上确实提出了关于可能性的问题,不过这种可能性并不是针对知识本身的,而更多是探询——探询作为人类的一种努力,是知识产生的前提条件。但是,他最终是借用了一个神话来给出答案,也就是追忆冥想这一神话,其原意并不是希望能够给出一个用来确认探寻的可能性的理论,而更多是引荐一种让学习者可以将理论有效地付诸实际行动的手段。这样的学习,源起于直入主题(*in medias res*),基于一种已经得到设定的确信和可以被信任的观察,完全脱离了"自我思考"的复杂性和来自外部世界的影响。这样的学习更关注思考的深度而不是确定性。它甚至可以以一种游乐的心态来进行——通过相类似的故事、假定和推测——通过一些平常的对话交流来慢慢地形成确信。它不再追求那种狭隘的严谨性(除非将之作为一种偶尔的练习),而是更多地偏向于能够勇担责任的活力。而作为一种补充,再也没有哪个大学生应该逃避学习一些仔细挑选出来的基础技能,这样的技能可以让他们拥有更好的判断力,即使可能还不足以判断专家们的知识的高级成果,但至少可以判断一下专家们的知识的预设前提。这种方式将是一种思考的回归,不是"为自己",而是纯粹的思考。

　　再来谈谈"自我表达"——客观性。斯威夫特在描述勒普泰岛的时候,将岛上那些"体型庞大的算计者"——笛卡尔式哲学方法的忠实代表——描绘成一群"一只眼睛向内,一只眼睛直盯着天空"的古怪生物(《格列佛游记》,III,ii),他们压根就看不到中间地带。

　　自我的本性是关注自我,去考虑,去分析,逐步地去表达自我。

自我表达是自我思考的扩展和补充。一方面，自我的视线固着于其自身（"近在眼前"）；另一方面，被训练去关注广袤无垠的苍穹（"远在天边"）。换句话说，自我不仅让自己沉醉于自身而不可自拔，而且也沉醉于获得对外部物体即自然的认知和掌控。主体拥有客体，对于这些客体，主体不得不保持客观。现代哲学理论中主要关注的就是如何更好、更适当地建立这种主体和客体之间的关系。① 这给教育所造成的影响是随处可见的。

　　一方面，扩展性的自我考量作为创意而被普遍认知，对基于这种考量的令人好奇的模仿（*imitatio dei*）行为的迷恋是不断激增的，而且大有日常化的倾向。对自发性和原创性的人为刺激被认为是很有必要的，也能够被制度化，不过这样的认知充满悖论。② 学校在面对旨在引发个体生产模式的需求时感受到了巨大的压力。负责任的老师被迫在课程设置上采取双重策略。举例说，他们必须使用创意写作这类绕不开的课程来向学生灌输虽然具有限

① 最重要的是，康德的《纯粹理性批判》认为主体为客体提供形式，并接受客体的材料。关于现代时期的主体的主导地位，以及关于将古代的 *hypokeimenon* 转化为现代的 *subjectum* 这一现象，还有具有相关关系的 *objectum* 的兴起，参见海德格尔的《尼采》。Heidegger, *Nietzsche*, II, v: "The Dominance of the Subject in Modernity"; viii: "The Transformation of the *Hypokeimenon* into the *Subjectum*". 学校里在使用到主体（*subject*）这个术语的时候将其指代为 *subject-matter* 的做法很显然需要追溯到关于 *subjectum* 这个术语的古典含义——它所强调的是立论的基础和言说的内容。

② 关于对创造性（*creativity*）这个词汇的批评和使用实例，参见 Jacques Barzun, *The House of Intellect* (New York: Harper Torchbooks, 1959), p. 15 和附录。值得注意的是自发性（spontaneity）这个单词最开始被人们视为指代感情而不是思想的特征，也就是说，它是思想用来启动自身的能力。(Kant, *Critique*, B 75)

制性但又是不可或缺的艺术的实践,该艺术通常意味着一开始就压制更缺乏艺术性的各种形式的自我表达。但是,这种整体而言用来替代那种严肃的学徒式学习的西西弗斯式的徒劳努力,本质上是一种毫无希望的尝试,在摧毁工匠修养的同时也压制了创新的源泉。就其要求而言没有比这更严格的了,而就其结果而言没有更糟糕的了。公众的一切努力应该有助于培养既具有私人性又桀骜不驯的个体性及其表达方式,这几乎已经成为一种好笑的共和国独有的悖论。

　　和主观性相关的一面是客观性。这是一种严格的要求,要求人们免受主观判断的影响,在关注某个给定的事物时严格遵循某些标准,严格到紧紧围绕该事物本身。在这一方面,我们教给学生的是一种用来收集和量化证据以及建立论证的严谨方法。从对艺术的潜心投入到科学的严谨冷静,这中间似乎并没有任何用来连接两者的桥梁,没有同时吸引两只眼睛的中间地带。

　　但是,激增的主观性和匮乏的客观性这类对立说法应该从教学法的词汇表上抹掉。当务之急是要因势利导地让学生演讲,他们的学习对象将会很快地展现亲密性、人的意义甚至美所带来的一切。如果什么也带不来的话,那么就要静待用到这一切的直接场景出现。每个老师都知道,确实存在一些令人头疼但事实上很有必要的课程,人们不到用到的时候不会想起它们,而一旦需要用到,它们甚至会散发出某种魅力。另一方面,在确定学习什么以及如何学习时几乎总是有一个明确的标准,那就是鼓励学生们共同来参与。例如,在关于功利的那一章开头我引用过的那段话中提到过,威廉·汉密尔顿爵士用生花妙笔描绘出来的充满了想象力的几何学,比起更有效更抽象的代数显然更能激发人们投入更多的努力来掌握这门知识,这背后的原因很简单,因为前者可以借助一些精美的图画来展示和讨论。因此,一旦学生们通过他人的鼓励而开始演讲(不仅仅是"表达自我"或者是"交流"),那么关键点就在于老师们应该赋予学生们权利,允许他们提出赫拉克利特式的要求,"不是去听我而是去听我的演讲"。

可以说,老师们可能也会在不经意间从眼角处瞥见一个学生如何讲以及为什么讲,但是他的双耳则应该关注学生的演讲可能蕴含着什么样的真理。一旦发现自己的理性精神能够被老师感知和认同,那么学生们就更容易因此而受到鼓舞,哪怕这样的感知和认同的呈现形式是彻头彻尾的反驳。通过这种方式,在美国建国时期产生的几个裂缝就能够得到充分弥合,包括理性研究与真实研究之间的裂缝、对纯粹言词的研究与原本事物的研究之间的裂缝。主观性和客观性两种模式的相互冲突将在试图揭示出真相的负责任的努力中得以调解。

再看理论——理论化。观察到美国人偏好于某种特定类型的理论之后,托克维尔将理论区分为三个层级:纯理论、中间理论和应用理论。最后一种涵盖了"运用的方法和执行的手段",托克维尔断定这是这个国家的人们最得心应手的一种理论。(《为什么美国人更沉迷于实践科学而不是理论科学》,载《论美国的民主》,II,bk.1,x)。我想指出的是,真正掌控并让我们的生活因此而变得错综复杂的则恰恰是第二种理论,这种理论包含了那些"仍然归属于理论的一般真相,但是引导其实现实际结果的道路却是既直接又短小"。倒不是说有人曾经对托克维尔的观察提出过质疑,只不过我们整个国家在推进应用科学和技术培训的过程中并不存在什么大的教育悖论。如果说存在什么问题的话，那么只可能是要做好迎接教育悖论的适当准备。

也不存在说这个中间理论在数学和科学领域就会显得特别有问题，在这两个领域内中间理论和应用理论之间的差异还是非常清晰的。因此，举例说，物理学家所运用的微积分在某种程度上就不同于数学领域基于连续性概念而传授的纯微积分理论，前者更多运用到的是微分，能够让它们计算那些离散型最小物理量。但是，最根本的一点是，纯数学理论和科学领域的探询的初始目标就非常清晰，绝大多数科学家都认同培根的那句格言："要支配自然就必须服从于自然。"（《新工具》，I，3）该格言要求他们的研究体现某种客观性，不带偏见。问题产生的时间点是中间理论的理论化成了几乎能适应于一切事情的思维模式，特别是与人相关的领域的一切事情，包括个人性和社会性事情的思维模式。

这种理论化过程包括精神产品的生产，包括理性的建构过程。毋庸置疑的是，它试图在人类王国中复制自然科学所取得的成功。更重要的是，它试图在普世范围内运用理性模式，通常会以方法论，即关于方法的理论的形式出现。① 它是一种心智框架，很显然

131

---

① Justin Buchler, *The Concept of Method* (New York：Columbia University Press，1961)，p. 125. 接下来这段话也同样一语中的："在政治科学中，有很多事情被人们当作'理论'。在其他事情中，'理论'也许指代构成一种'方法'或者'概念性计划'的一组范畴，或者，从更复杂的层面来说，理论也许构成这样一组陈述，这些陈述所明确的是有确定性倾向的变量之间的关系。"参见 *Contemporary Political Analysis*，James C. Charlesworth，ed. (New York：The Free Press，1967)，pp. 187 - 188。

可以追溯到我们的建国之父那一代人，当时他们就对这样的人类科学信心满满，尽管这样的科学尚处于嗷嗷待哺的婴儿期。如果有人读过孔多塞的著作（《人类精神进步史表纲要》，第十阶段），了解到他如何把概率论和微积分运用到社会科学中，了解到他关于打磨科学术语使之更完美的必要性以及进一步推动社会科学发展的必要性的论述，那么我们就不会认为这本书是在两百年前写成的，而会认为它是两天前刚写就的。

这种理论化过程所面临的特定困难，我在前面一章关于"教育手段"那部分中就有所涉及，很显然与其作为一种方法论有关。学生们所学的是对用于处理某一事物的方法的合理化过程。该事物本身必须被读解为一个可以被分解为各个组成部分的问题，因为方法的本质和历史都是分析性的。举例说，在介绍关于学习的心理的研究时，一段比较无伤大雅的前言介绍文字就应该是陈述基于研究的发现——"学习的过程是极其复杂的"。很少有学生会意识到，这样一种陈述是多么正面，多么有力量。但是，我们也可以比较一下基于自我省思的观察——"学习的过程是非常神秘的"。这么说一点都没错。它也许应该作为一次探询的开始阶段，而不能作为一个理论的初始部分。理论化过程需要考虑到问题的复杂性而不是深度，就像在面对一个已经得到明确界定了的问题时，可以运用到"解决问题的技巧"，而这，用培根的话来说，就是"这事要做得像机器做的一样"（《新工具》，前言）。现在，我们所面临的困难体现在这种努力在思想上是模棱两可的。笛卡尔式的方法（以及我一直在描述的）的最深层意图是将所有事物都转化为一个可以分解的问题，从而可以让所有的理论最终都变得非常有用，控制是终极目标。因此，学生们就永远地悬搁在玄思静观和审慎思辨之间。老师们对这样的结果是再熟悉不过了。学生们之所以一开始就被一种理论性的技巧所吸引，完全是因为它提升了他们对其潜在功效的期望。但是，它却永远不可能真正地契合当下这些具体的实例。归根到底，这一切基本上是一种复杂的智力练习，类似某种游戏，说枯燥也枯燥，说有趣也有趣。学生们最终会被困在一种祛魅的状态中，掌握了一大堆毫无魅力的知识和完全不听使唤的工具。

132

正如我在前文中已经提及的那样，理论（*theory*）这个词在古代指代的是静观，即"观看"。这样一种行为，其终极目标并不是要制造某种理论，或者说解决某个问题，因为所谓解决某个问题本质上是把所要探询的问题进行分解，因为一个问题一旦被分解了，就可以对其不以为然了。理论纯粹是为了看见并呈现事物原本的样子，其背后的动机是"对真实的狂烈的爱，一种让人自豪而又不带偏见的爱"①。这样一种理论和托克维尔所界定的最高等级的理论是一致的。按照他的说法，这种理论赖以生存的基础就是沉思。但同时，他观察到，因为人具有不可遏止的运用知识的热望，所以，"再也没有什么会比民主社会的结构更不适合沉思的了"。

我在这里想说的是，作为一个共和国公民，我们有义务证明托克维尔的说法是错误的，至少这一次是错误的。我们之所以需要

---

① 托克维尔巧妙地引用了帕斯卡的说法，而没有直接引用笛卡尔的说法，这可以被理解为他对前者的仰慕之情的一个实例。

理论,恰恰是因为我们本身就是理论化的大师。这个民主模式的奠基者自己都进行过沉思,不过他们的沉思是以一种新的精神来进行的,这种精神既外向进取又内敛退缩,与他们所致力于获得的实用性的结论和谐一致。例如,在刚开始针对理解力进行思考的时候,洛克就将其总结为不仅仅能够娴熟地捕捉到猎物,而且还能获得了解真相的愉悦:"这种对真相的探求与带着雄鹰去狩猎颇为类似,其中追求的过程正是乐趣之所在。"(《赠读者》,载《人类理解力文集》)也因此,在我看来,老师们应该审慎地区分沉思性活动和工具性努力之间的差异。他们应该为批判性学习提供大量关于最后那种理论的实例,通过精挑细选这样的实例而让学生们获得知识上的满足感,同时推动学生积极参与作为不可避免的现代活动的理论化过程。当然,学生们也应该有时间,经常性地去"野外狩猎",同时不止如此,还要去建构更具冥想特征的"纯粹的"理论——也就是托克维尔所称的母知识(*mother knowledge*)。

133 　　再看心智——经验。在这世界上,有谁会不相信他自己有心智,有"属于他自己的心智"呢?有谁会不去鼓励其他人运用他们的心智,有谁不希望能够通过教育来培训心智呢?这种心智(也被称为理智或者理解力或者脑袋或者大脑)作为一个器官负责上面所描述的理论化功能,它是理性的代理人。我们在指称它的时候通常会用到一些具象的隐喻。我们会在我们的心智中"储存"东西,会"打磨"我们的心智,用它们来"捕捉"东西,而且时不时地还会把其中"一小部分"施与他人。有一些人为我们描述了那样的比喻的特征,我们不应该忘了他们。洛克曾经把心智比喻为"腾空了的柜子",里面将会填补进由感知所激发的概念(《文集》,I,2,15),他还认为是心智在进行人们所说的"处理概念"这样的操作。心智是井然有序的,因此洛克的衣钵传人们,其中包括杰斐逊,很自然地把心智简单地视为被赋予了思想的一种物质,也就是我们的头脑。①

　那么,关于其布局和运作有过许多描述的这种心智,总是在不断地进行推断和思考,也就是说,它总是在进行理性的关联活动,类似演绎的链条和一般的概念。但同时,其本身的内部也必须同时拥有一种安稳、确然、直接和终极的知识——关于"存在的事实"和"逻辑的公理"的知识。这样直接的知识就是所谓的直觉。(洛克,《文集》,IV,ii,1)它的担保条件是自证,也就是说不依傍于任何事物,同时又比任何其他事物更加为人所知晓。刚开始,其呈现带有一种满不在乎的平行主义的感觉,并且作为天启的世俗替代者:"你自己的理智是上天赐予你的唯一的神谕。"(杰斐逊《致卡尔》,1787 年 8 月 10 日)心智还有一个关系密切的对立面和补充物:随时随地的退却,比如,在进行精神思辨的时候,如果理性启示和经验双双告败,它也就立马举手投降。也因此,杰斐逊在谈到形而上学时,经常会"让自己的脑袋靠在无知的枕头上休息,仁慈的物主

---

① 参见杰斐逊致亚当斯的信,1820 年 3 月 14 日:"我在这里真诚地忏悔,我应该和洛克先生一起,更偏向于吞下一种不可知性而不是两种。做到这一点,我只需要承认这样一种思想所赋予的物质的单一不可知性。"这里所指的很显然是洛克所写的《文集》,IV, 3,6。

把这只枕头造得如此轻柔"(《致斯托瑞牧师》,1801 年 12 月 5
日)。①

　　在确定性的知识和绝对舒适的对思辨的压缩之间来回穿梭,
这已经成为我们整个民族的一种习惯。尤其我们的政治领域的话
语体系完全是由如下事实所塑造的:建国原则作为自证自明的真
理,如同政治公理那样,交付到我们手里。对这些占据首要地位的
原则的考量,完全不同于习俗的隐性规则,这些规则都是"不言而
喻的"。我们的原则是理性的,它们绝不是不言而喻的,总是会不
断地被人所引用。但是,它们是(而且必须是)不思而行的,因为它
们作为公理,要么是当下就能为所有人接受,要么就会随着时间的
流逝而产生威胁和危险。可以直接追溯到独立宣言的核心实例,
当然是我们总是无休无止地在引用的"我们的权利",这种引用绝
对是理性的,但是却缺乏反省精神。人们很少会去解释说为什么
他们可能拥有一种权利,但是他们总是强有力地争辩说他们就是
拥有这样的权利。

　　这样一来,完全依靠自己的理智不得不寻求自证,反之,基本
上作为一种工具的理智则需要一种东西为它提供有效的证据。经

────────────

① 更能体现杰斐逊的关于理智的观点的实际例子确实是发人深省的,他对苏格拉
　　底的"魔鬼"的解释是基于这样的观察:"他也许将他的……理性的建议,当作了
　　启示",而且他还极为赞同亚当斯的建议,即"人类的理解力是来自其造物主所
　　赐予的启示"。(《致亚当斯》,1813 年 10 月 12 日)而在谈到无知时,他的说法是
　　这是"人们能够让脑袋倚靠的最轻柔的枕头"。这句话杰斐逊在他与政治"疏
　　离"的时候反复说起,他说这句话来自蒙田。(《致埃德蒙德·兰道夫》,1794 年
　　2 月 3 日;又见蒙田,《论经验》)

验就是获取这些证据的方法的说法，而且有意义的是，该方法也同样可以运用到这些证据上。人们通常认为经验的获取是需要通过传输器官来进行的，也就是所谓的感觉，而且在通过这些感觉来传输的时候，经验总是被包装成"现象""事实""数据"或者"信息"。换句话说，经验是将整个世界作为推理的预备材料来接受的方法。经验传输的是木材，而不是树木。那种将自然放在支架上，让它开口说话的"实验"，是经验的代理人，最能体现经验的特性。因此，经验，尤其是感官经验，是一个完全隶属于理性模式的说法。

每个老师都可以站出来指证理性的双重面向在多大程度上统治着教育领域。一方面，有些受到这种影响的学生将表现出明显的不善言辞的特征，这种特征对于那些依靠直觉来了解自身的道德、政治甚至数学真理的人来说是颇为合适的。另外一些学生则总是希望能够倚靠在杰斐逊那张温暖的无知之床上，并因此而拒绝探询那些他们深知自己无法获得最终答案的问题。

与此同时，教育机构则不得不直面对"经验"恒久不息的渴求所造成的冲击，这样一种需求之所以无法满足，完全是因为"经验"就其基本上属于后天形成的本性来说，是永远无法满足人们对于风景或胜境的纯粹的欲望的，因为经验是后者的合理化的版本。① 同样，为了让教育机构所提供的一切显得更加精彩，就不得不进行"实验"，教育机构针对"实验"所做出的响应是注定要失败的，因为

135

---

① Hans-Georg Gadamer, *Wahrheit und Methode*, *Grundzuege einer philosophischen Hermeneutik*, 2d ed. (Tuebingen, J. C. B. Mohr, 1965), pp. 56 ff. "Erlebnis"这一章节主要讨论的是"经验"的文学结构。

教育实验本身就是试错式的实证方法与刺激的欲望这两样东西的不合逻辑的杂糅，这种实验不同于科学实验，完全不可能产生有说服力的结论，只可能将机构的资源消耗殆尽。

在我看来，解决方案只有一个，那就是彻底摈弃这样的说法。学校需要真正承担起的职责是推动学习生活的进步，而不是提供经验。光是前者就应该需要付出艰苦的努力，也能够展现充分的活力，让学生们在再创造活动中不无收获，不管这种活动是恋爱还是交友，是音乐还是体育，是呐喊还是出游。另一方面，学习这种生活本身就需要人们做好充分的准备，时刻超越自证，变得思路清晰、善于言辞。维特根斯坦在《逻辑哲学论》一书结尾处提出了一个著名的要求："人在不该言说的地方，应该保持沉默。"所有的学校必须提出一个互补的要求："人在需要表达自己的地方，必须起而言说。"而这意味着提供原因和依据。

最后来谈一谈头脑——心灵。这个说法最早出现在一封信中——这封信也许可以称得上有史以来最为特殊的一封情书，这封情书还简要地提及了理性的这一面向。这是杰斐逊和考思维尔夫人之间那封出了名的通信（1786 年）。这封信是在他刚刚送她和她的丈夫一起离开巴黎的时候写的，他的头脑和心灵展开了一场辩论，甚至可以称得上是一场激烈的争执。他的头脑谴责他和她之间的亲密关系实在是不够明智，而他的心灵则反驳说这是一种仁厚的关系。以下展示的是他的心灵究竟是如何教训他的头脑的：

当自然赋予我们同一个栖息之地的时候，它也同时赋予了我们一个分裂的王国。它给你分配的是科学领域，给我则分配了道德领域。当这个圆环成为正方形的时候，或者说当人们开始追索彗星的行进轨迹的时候，当人们开始探究那个最有力量的拱形，或者是那个最能扛得住冲击的稳固点的时候，就得由你来解决问题了——这是独属于你的问题，自然并没有赋予我认知这一点的能力。同样，自然没有赋予你各种不同的感情能力，包括同情、仁爱、感恩、公正、爱情或者友谊，它让你不受这些感情的控制。对这些感情，它采用了心灵的机制。道德对于人类是否能够获得终极幸福确实是太重要了，显然无法承受因为与头脑之间的不确定的结合而带来的风险。也因此，自然将道德的基础建立在感觉之上，而不是科学之上。这样，它给予所有人的那一切，恰是所有人所必需的；它只给予少数人的这一切，对少数人已足够。

在这封信中，从头到尾，头脑所代表的能力就是解决问题、狭隘意义上的计算、有节制的自足、谨慎的正确性；而心灵则代表了人类的自我放纵、不受节制的冲动、博大的仁爱之心。理智和情感是截然分开的，两者之间泾渭分明。在分处不同空间中的不同身体器官那里寻找理智和情感的行为，恰恰很能说明问题。当然，如何分配各个器官的功能，并不是杰斐逊的工作。这是启蒙运动时代的成果，一直延续到我们这个时代。

头脑和心灵不仅仅是大相径庭，而且还相互对立：当心灵受人追捧的时候，头脑则可能会变成贵族型的压迫者。而且头脑不仅仅是压迫者,同时——作为启蒙之后的自由主义的象征——还可能是它自身的指控者和审判者。在这封信中,包括在其他任何场合,最终把控整场辩论的永远是头脑。

头脑对于能力分区的理解标志着传统的角色发生了最激进的逆转。在古典传统中,只有智力是真正自发性的(也就是说完全当下的,而且也是原生性的),同时又是普世的,简而言之,是公共的。而激情则更多是以自我为中心的、被动的,基本属于私人性质。[①]而在这封信中,我们发现,这一切都被逆转了。杰斐逊甚至比我们的想象走得还要远,将政治革命的功劳完全归于心灵,并且将头脑比作那些唯唯诺诺的保守分子(托利党)。更进一步,想象力由于其具有建构性能力而在传统上是和智力结成更加密切的关系的,但如今也完全是任由心灵来驱遣的。相应地,自私的意志也就变成了头脑的助手。简而言之,头脑是排他的,而心灵则是包容的。

这种敌对倾向随着时间的推移变得陈腐而又暴力。随着理智的统治日益普及,"情感"——也即对"激情"的引人注目的取代[②]——一方面被加剧了,一方面又被削弱了,开始这样来表明其立场:

---

① 杰斐逊最推崇的沙朗将其著作的整整一章用来诠释理智这种能力的"位置或者工具",不再像古代那样(古代的理解也有例外,如柏拉图《蒂迈欧篇》73d)认为它是寄居于人们的心中的,而是寄居于人们的大脑或者头脑中。对于理智功能的逆转而言,这是其身体上的对应部分。(《论智慧》,I, xiii, 3)

② 在洛克的《思想》中,情感(*emotion*)这个单词只是体现关于某个运动着的事物的生理状态,就像锻炼后奔涌的热血一样。现代对这个单词的使用则是指既起伏不定又渴望表达的感情。

假定人们长期不让自己的激情释放……换句话说，假定人们压抑表现激情的语言和表情姿态（并非压抑激情本身），那么造成的结果将会是适得其反，就是说压抑了激情本身，至少是对激情的削弱和改变……当代的情形刚好相反。生活中、舞台上，尤其在出版物中，狂乱和乖张的激情俯拾皆是。时下人们要的就是激情的习气，而非激情本身。

尼采，《快乐的科学》，I，47①

137

这样的一种"令人恼怒的两极对立状态"具有极强的侵犯性，在混乱的年代尤其显得尖锐。② 人们开始期待教育能够通过改造自身来减缓这种尖锐的冲突。在 18 世纪的时候，这样的呼声就已经出现了。年轻时的杰斐逊曾经深受凯姆斯勋爵撰写的一系列关于道德问题的著述影响，后者在当时就发出了我们如今听来仍觉得熟悉的抱怨："我们的老师通常会在其教学中诉诸头脑，却很少会关注心灵。这种做法显得不负责任。"③

但是，这种做法就真的那么不负责任吗？ 理性的模式将理性和情感完全对立起来看待，而且还以此来对能力进行分配，就像杰

---

① 引用自黄明嘉译本。

② 头脑和心灵二分法理论主要是针对 20 世纪 60 年代的学生建立的，参见 Theodore Roszak, *The Making of a Counter Culture*；*Reflections on the Technocratic Society and Its Youthful Opposition* (Garden City：Anchor Books，1969)，pp. 76 ff. 。

③ Wilson Smith, ed.，*Theories of Education*，*in Early American* 1655 - 1819 (Indianapolis：The Bobbs-Merrill Company，1973)，p. 132.

斐逊所做的那样：科学归属于头脑，道德归属于心灵。一边是理性，另一边则是非理性。但是，如果将非理性列入学校的课程名单，这会让人觉得很尴尬，不管用如何理性的说法来指代——自我表达、自发性、创造性、感性等等。如果道德本身就和致力于寻找真相的思想压根没有关系的话，那么学校又该如何承担起"心灵文化"这样的重任呢？[1]

位于这一两难境地的底层的逻辑是这样一种理解：将理智视为一种冷冰冰的到处挥舞的工具，服务于自私的意志。但是，确实还存在着另外的看法：把智力理解为一种充满激情的能力——哲学这个词，意思是对智慧的热爱，就体现出这种看法。同样，激情是可以被理解为思想上的一种关系，当然不是相互对立的利益团体之间的政治化纽带那种关系。激情完全可以更精确地理解为是一种被动的东西，理解为是因为被掌控而激活的感情。[2] 理性二分所体现的悖论在于，人类总是认为自己被自己的思想工具所蕴含的巨大力量所压制。好吧，那么，能够解决这个矛盾的方案显然不会，也永远不可能是对弱势能力无休止地均等化、无休止地进行补偿、无休止地加以肯定。真正需要的是认真地回顾一下我们的

138

---

[1] 可以回顾一下杰斐逊对将道德作为一门学校课程这种做法的竭力反对，他将这种反对意见和针对沃拉斯顿所提出的"最异想天开的"理论进行了合乎逻辑的关联，后者认为真相是道德的基础。（《致卡尔》，1787 年 8 月 10 日；《致劳》，1814 年 6 月 13 日）但是，如果没有一些类似理论的支撑，道德很显然也无法成为能被正式传授的学问。

[2] 理智和激情甚至可能被视为物质的形式而被关联到一起，就像激情通常会被理解为是灵魂的物质化的理智，也就是说，作为被体现出来的心理动机（*logio enyloi*：Aristotle, *On the Soul* I, 403 a）。

思想能力，看看它是否真的无法重新回到人类生命的中心位置上去。

### 形式高于实质

这里我所提到的形式是指纯粹的形式，也就是相对于实质或者内容或者物自体的形式。它是关于事物的空置状态和外部形态，是对内容的界定和限制。关于形式的一个有用的说法是，它是体现一个物体的可能性的条件，其要求是它有存在的可能，但又并不包含于其所是之中。这些形式的条件中最核心的一个条件是思想的塑造和构成活动。①

我想指出的是，理性对我们的生活所造成的影响体现为它在诸多方面对生活加以形式化。随着我在下文中对一些事例进行概述，我想要表达的意思也将会变得愈发清晰。不仅如此，还会有一大堆额外的事例也会一股脑儿地呈现给读者。

首先，形式隶属于理性赖以存在的基础性概念，那就是，为了确保确定性，智力对自身加以严格限制，也会放弃某些探询努力。这种自我强加的限制是与古人的抗议截然相反的，古人认为："生而为人必思人之事，生而有死必思死之事，对于这样命令我们的人，我们不必言听计从。"（亚里士多德，《尼各马可伦理学》，X，

---

① 这种普通的使用方法和源自柏拉图、亚里士多德的另一个传统方法是对立的，在后者看来，形式（理念）是事物的本质。可能性的条件这个说法是康德提出来的（《纯粹理性批判》，A III，尽管如此，有一点是毋庸置疑的，那就是，对于康德来说，形式的构成，即意识的生成活动确实为一个事物也即一个客体赋予了本质，尽管这是一种弱化了的本质。

1177b)培根对于"理性的真正局限和边界"探询,尤其是神学领域的探询(《学术的进步》,Ⅱ,xxv,6);洛克为"所有无边界的广大界域,那个我们无法从思想上把控的广袤的存在的海洋"设定了"范围"(《人类理解论》,Ⅰ,1,7);康德为确定"感知和理智的边界"①而展开批判(《致赫茨》,1772 年 2 月 21 日)……所有这一切都是在致力于推动一个相同的运动,那就是自我否定。最终的结果是,大家的关注持续不断地被引向知识的形式性条件,也就是说,引向对人类思想的能力和边界的适当界定。举例说,杰斐逊作为启蒙运动在美国的代表人物,最后也认同说"在一定程度上长于思想活动"应该是形而上学理论中唯一有用的部分。(《致卡尔》,1825 年12 月 5 日)

139 这些限制条件逐渐被接受为专家的要求,并在学习的各个方面都有所反应。最终的结果是,学习的方法也被形式化了:每一次知识上的努力都要先验证再进行;参考框架必须预先给出,术语必须界定清楚;每一本书必须通过其前言来加以理解;每一个声明都必须在前言中加以申辩。学习领域的划分也受到各种限定性的影响,专业化要求事先划清边界,对于各种违规行为,只原谅其中最犹豫不决的。但是,归根到底,事物本身会被形式化,人们投入了巨大努力,为的就是用逻辑来取代实质,用结构来取代内容,即便是在美术领域也是如此。

---

① *The Limits of Sense and Reason* 是《纯粹理性批判》一书一开始采用的标题,蕴含了培根所要求的那种辩证法的意味。当然,康德经常将休谟称为"人类理性的地理学家",就像是洛克所要求的"界域"的划定者。(*Critique*,B 788)

　　而且，总体上来说，人总是有一种对抽象化的渴求，用以取代曾经被称作第二意图①的东西，也就是用关于想法的想法来取代关于事物的想法：

　　　　民主国家的人民之所以热爱通用的词语和抽象的观念，是因为这样来表达自己的思想可以提高思想，把大量的对象囊括在一个小小的范围之内，并有助于智力活动。一个民主的作家……会用"现实"一词一笔带过目前发生的一切……民主的作家在不断创造这类抽象名词，或者使语言中的抽象名词的含义越来越抽象。②

　　　　　　　　　　　　　　　　　　　　《论美国的民主》II, bk. 1, xvi

　　在这里，我会提议把方法论作为这一层面最具代表性的实例。

　　其次，方法、流程和态度的地位都超越了目的和内容。手段的合理化和形式的标准化变成了人们关注的中心点。在进行决策的时候，机制比决断更为重要，即便是在个人问题的选择上，比如说在涉及宗教信仰问题的时候，也是如此。因此，杰斐逊向他外甥提的建议如今已经变成了标准："你真正需要负责的不是你的决定正确与否，而是你的决定正直与否。"（《致卡尔》，1787 年 8 月 10 日）真正重要的不再是判断的内容，而是判断的态度：真诚高于一切。

---

① Jacob Klein, *Greek Mathematical Thought and the Origin of Algebra*, Eva Brann, trans. (Cambridge: The M. I. T. Press, 1968; first published in 1934), pp. 207 ff.

② 引用自董果良商务印书馆译本。

同样，在道德领域，人们更看重的是一种行为背后的意图和背景，这种行为究竟是如何产生的，这些要比行为本身更受关注。

在教育领域，方法、课程理念、"传递系统"都属于重要考量。课程本身也被形式化了，从大家都熟知的通常是空洞无物的"关于……的概念和方法"的课程设置，到用完全抽象的代数方法来取代富于美好想象和内容的几何这种令人感到绝望的教学法尝试。甚至连最终的教学成果都被形式化了，在表达一种定性结论的时候，也一味地采用定量的陈述方式，这样所呈现的只是其最外围的部分，很自然，这就导致最终会用这些术语重新界定定性结论。到了学习也要被衡量的时候，能被衡量的内容就成了所教授的一切。

第三，功利作为一种考量也会引发广泛的关注。功利代表当下意义上的形式主义，原因就在于它将注意力聚焦于让事物变得可能的手段，不去关注预期的目的，把这种目的要么当作预先决定的，要么当作无法确定的。即便是纯粹功利主义下的最固化、最直接的物体，即金钱，也是各种可能的物品中最具形式性的物品，它是可能性的一个纯粹的条件。忙与其紧密相关的闲都同样具有形式性，"忙"或者"空"并不能描述清楚生活的实质。

第四，总是存在着所谓的"未来"。这个未来确实也是一种纯粹的形式，是一种尚未被实际存在填充了的暂时性的形式。对于世俗的未来的执着意念是现代性的深层次特征，有些事情正在迫近我们这样一个概念始终存在。只不过，在建国之初，这一概念是"无止境的进步"的地上天堂，是杰斐逊在孔多塞的帮助下顺畅地描绘出来的未来愿景，而现在我们只能感叹：

什么样的野兽缓缓地，无精打采地

走向伯利恒去投胎？

叶芝，《二度圣临》

但是，有一些不那么明确的事情将要发生，不管它们让我们满怀希望还是遍体鳞伤，我们都必须有所准备。我们必须帮助学生为"明日世界"做好准备，这一要求为教育带来了莫大的困扰，其背后的原因恰恰在于，它必须关注存在的最具形式性的方面，也就是纯粹的未来性。它形成一种远非审慎的思维框架，这种框架通过更加聪明的手段服务于明确的目的。固着于未来的做法所产生的结果是，过去和现在的实质被对立起来了，所有的努力都围绕着一种不可确定的悬而不决的形态，就像大海中的那个老人普罗透斯，一旦接触到某种东西，"就会试图变成那种东西"。但是，每当有人认为上述形态被某些人，比如说一位专家、一位"未来学家"确定了的时候，那么该形态作为当下的一种选择性投射就会变得像当下一样变动不居。

在形式主义的结果中，最后也是最普遍的结果是我们这个共和国的带有强烈政治特征的基础术语。不管你所接受的是两个相互对立的解释中的哪一个，人人平等的原则就是一个形式上的概念而已。如果认为平等的定义是机会的平等，那么，很显然，其本身只是一种变成或者获取某种可能的善的可能性条件，这可能会达到一种不平等的程度。如果平等要求结果上的实际的平等的话，那么它同样也会缺乏实质内容；这样的原则不让公共的关注聚焦于某种善，而是聚焦于对其所拥有的东西的比较。定量的原则

141

永远是形式上的，即外在于内容，有些时候甚至可能是对内容的抑制。这些原则与其说非常鼓励实质的生成，不如说更注重调解实质的分配。

自由是我们最高贵也最具典范性的形式原则。它无非是人所是、所为、所有之可能性之条件。说它高贵，完全是因为它压根就没有授予我们人类什么具体、实在的东西。自由本身是对我们人类的恩赐这一宣称不过是一种言说的模式，该模式推重我们可能拥有的善的条件，展示出我们的必要关切。但事实上，在公共领域，自由的后果是让其实质变得空洞。这一点对于公共教育而言尤其如此。举例说，在涉及宗教信仰问题时，高等法院的立场是，第一修正案所规定的宗教信仰自由要求各个学校不要推行正面的宗教实践。<sup>①</sup> 但是，自由的形式主义的典范化进程与我在这里所做的探询是最相关的，它存在于学习领域。杰斐逊所积极倡导的调查自由，也只能确保我们获得关于意见多样性的中立的可能性。任何一种事实上的真相的出现都带有很大的偶然性，而对该真相的接受则依赖个人做出的选择。

最后，在美国人坚守的权利中，特色最鲜明的权利是对幸福的追求。这一说法的意思是不言而喻的。它似乎是特意设计出来

① 参见 *The Supreme Court and Education*，*Classics in Education* no. 4，pp. 3 - 124，及全书其他部分。针对宗教自由所发表的最基本、最关键的美国立场就是麦迪逊的《反对宗教征税评估的请愿抗议书》(1785 年)，他在其中明确地提出了一个观念，那就是因为对于造物主的虔敬是一种个人职责，不仅先于而且高于公共社会，"宗教应该彻底脱离其认定"。美国高等法院不断地引用这份抗议书，尤其是在埃文森起诉教育局(1947 年)这个案例中。

的,旨在阻止实际的幸福的获得①:"看到美国人那种疯狂追求福利的样子,以及他们唯恐找不到致富的捷径而表现的愁眉苦脸,实在令人惊奇。"(《论美国的民主》II,bk. 1,xviii)②

理性模式所带来的这些影响以及与此相类似的诸多影响,在层出不穷的形式主义当中,分别展现出既令人筋疲力尽又令人激动不已、既令人强烈不满又令人深感刺激的特征,它们也是一个规模巨大、地位重要的公共领域所展现的具有内在契合性因而难以补救的特征,就像美国在建国时期就致力于追求的特征。这些特征特别需要的是一种互补的特征,即一种不需要摈弃实质也能获得自由的方式。

## 针对教育合理性悖论我试图提出的解决方案

### 探询模式

探询这个词本身就蕴含了好几种意思,对我们来说也有着重要的意义。它可以指代探索、质疑和问问题。它带有一定的强度。

---

① 将追求理解为一种追逐的行为是比较流行的看法。在杰斐逊生活的那个年代,这个说法很可能更多是指一种专业性的活动,就像《追求学习》中的意思,参见 Arthur M. Schlesinger, "The Lost Meaning of 'The Pursuit of Happiness'", *A Casebook on the Declaration of Independence*, Robert Ginsberg, ed. (New York: Thomas Y. Crowell Company, 1967), pp. 216 – 218。托克维尔关于追求的"悲哀"的说法,其顶点是成功而不是幸福,这种感受被很多以"某某的崛起"为书名的伤感小说所记录,比如 Howell 的 *The Rise of Silas Lapham* 和 Cahan 的 *The Rise of David Levinsky*。

② 引用自董果良商务印书馆译本。

它意味着我们对事物的搜索、对真相的挖掘。它让我们对两种状态都感到亲近：一是怀疑之不适，一是对满意之可能性的信任。我想先发制人地使用这个词，以便突破理性的两难困境。

在前面的章节中，在谈到对文本传统的阅读努力时，我已经使用过探询这个词。我想用它来涵盖人们关注文本的各种方式，从纯粹的语源学①到解释关键词的含义，从对一个段落的最平直的构建到对其进行更深入的解读，从对其所参考的对象的确认到对其所蕴含的真理的验证。学会做所有这一切，换句话说，就是学会阅读各种类型的文本——我早就说过，这是基本意义上的教育。这就是学习。但是，阅读还能引领我们到达超越学习的地步。

在阅读宗教经典所需要遵循的修道原则中，也曾经出现过一个在我看来对我们这里的讨论非常有意义的词语。那就是 *vacare lectioni*，"腾出时间来阅读"，对其本质保持特别的开放度和接受度。② 同样，在世俗原则中，当学习活动不得不让位给本章探讨到

---

① "在文学共和国，单纯的语源学家是一个社会地位很低的角色。"参见 John Clarke, *Letters to a Student in the University of Cambridge*, *Massachusetts* (Boston: Samuel Hall, 1796), p. 46. 兴许这是一个地位最低的角色，但在对文本进行诠释时他却是一个不可或缺的角色。完全是出于无意，这 14 封由一个牧师写给哈佛新生的书信，代表了美国早期写作中一个非常罕见的案例：描绘了这样一种自由教育，它将古典课程与现代课程进行了愉快的结合——古代语言加上数学和科学，洛克和里德的形而上学思辨加上神学。里德的《常识》一文在 19 世纪的美国学院派哲学理论领域占据了主导地位。参见 Henry F. May, *The Enlightenment in America* (New York: Oxford University Press, 1976), pp. 344 ff.。

② Ambrose Wathen, "Monastic Lectio: Some Clues from Terminology," *Monastic Studies: On Education* no. 12 (Michaelmas 1976): 211–213.

的意义上的探询自由，即问问题的时候，上述用来阅读的时间就会经常到来。

那么，究竟什么才被视为一个问题？[①] 就提问来提问题，这是所有反思性问题中最具反思意味的问题，因而也是最关键的问题。但是，在这里，我不会做过多的阐述，只会阐述纯描述性的术语，这些术语直接对应理性的困境。首先，在我看来，先解释一下究竟什么不能被视为一个问题，可能会更容易一些。问题不是一种纯粹的思想上的不安定状态。过去的散文和诗歌中经常会有这样的说法：猎物算不上什么，真正关键的是搜寻。这种说法其实是在把对真理的探索转化为一种纯粹的练习活动，尽管看上去很忙，但却很可能只是虚度时光。那么，当你无意于有所发现的时候，你又何必去寻找呢？同样，问问题本身并不总是意味着对一个不充分或很糟糕的动机进行可疑而激进的非难，这一动机是指我经常鼓励的质疑行为。（尽管那种认知确实能够在古代找到先例：在希腊，用来描述负有责任的根源或者原因的哲学术语和用来责难或者指控的法律术语是同一个——*aitia*。）

一个真正的问题，当它仍然停留在提问题的人那里的时候，是一种在预期中的空缺、一种具有接受度的开放性、一种被界定了的无知，以及归根结底，一种智力的有明确指向的欲望。[②] 当问题发

①　参见海德格尔，《存在与时间》，I, 2。

②　对于这一探询来说，不可或缺的文本是在柏拉图的《会饮篇》(198 b ff.)中，苏格拉底对女祭司狄奥提玛关于爱欲与哲学的描述，其中偶尔会出现逗趣的提醒：在希腊语当中，具有谴责意味的爱(*erota*)与问问题(*erotan*)看上去很接近，参见 *Cratylos*, 398 d。

动的时候，也就是说，被说出口的时候，它就拥有了一种发人深省的双重能力：它可以针对人类同伴或者针对事物来发问。当针对一个人的时候，它要求对真相进行交流和分享；当针对事物的时候，它让人明白，整个世界是需要承担一定责任的，是被视为有能力给出答案的，是可以揭示其深度的，是被赋予理智的。无论是哪种情况，提问的条件都是一种希望，希望该问题能够给我们接近我们所渴望的东西，而且，如果我们真的能够获得一个答案，那么我们将——至少在一段时间内——获得一种使命已达的满足感。

因此，问问题本身就昭示出一种比工具性理智更深刻、更原创的能力。后者的能力可以随意地使用或者闲置，也可以像一个工具一样被对待，通过辨别、切分、区别、分析、概括、比较、对照、复合等操作来对世界进行渗透、剥离和塑造。该能力可以通过培训来习惯性地进行运作，并且遵循被称为方法的理性模式，从而让理智能够——比如说，在其缺席的情况下仍然能够——发挥作用。这种更深层次的力量是无法被操纵的，当然不是说不受激励的。如果我们将之理解为那种传统上被称为智力①的主动的接受能力或者静观能力的话，那么理智所代表的就是一种动力十足的自我萎缩。我在这里提倡回归到那种智力，或者更进一步，回归到对其进行重新认同，因为即便当它黯淡无光的时候，它也总是在运作。

但首先，还是存在着一种或许可以称作"环境方面的"困难。

---

① 关于知识（希腊语：nous）及其活动的类视觉和类感官特征，参见亚里士多德的《劝导篇》和《论灵魂》。Aristotle, *Protrepticus*, *A Reconstruction*, Anton-Hermann Chroust, ed.（Notre Dame：University of Notre Dame Press，1964），Fragment 22; *On the Soul*, III, 426 - 427.

理智改造世界,智力接受世界。也因此,要想让静观变得可能,有一个必要条件,那就是,世界上有可观看的事物,有原初的事物,这些事物后来变成存在,这种存在是自然的。[①] 世界是通过理智的运作来进行合理化的。但是,这样一个再造的世界是不能被接受的,也不能被把握,它只能被抓取、被分析。智力从自身利益出发要求保留一些本性,包括人的本性和非人的本性,尤其要保留一些天生美丽的事物,因为最热诚的问题通常都是受到那些最能激发人们下意识兴趣的事物的刺激才提出的。事实上,如果没有类似的美丽事物所引发的想象,智力本身就会永远处于沉睡状态。哲学在整体上依赖一个给定而成熟的领域的保存。如果我们想要成功地改造我们的整个世界,包括我们自己,将其转化为"第二自然",那么我们的智力及其理论都必须偃旗息鼓。

其次,理智的运作还存在着很多机构方面的困难。当然学校是不可或缺的。将学习机构化是有原因的,这些原因既实实在在又紧密相连。沉思和静观是人类所有活动中最自足的活动,即便是这种活动最好也要在一个社群中进行:"智慧的人即使一个人独处也能够静观……当然,如果有人同修,感觉会更好。"(亚里士多德,《尼各马可伦理学》,X,1177b)但是,机构化存在的诸多必要性并不能掩盖掉机构化的探询活动内在的尴尬。首先,这种探询是最难加以指导的一种活动,因为它要求老师能够做到教导而不教

---

① 自然(*physis*)在希腊语中意味着成长(*growth*)。这一单词从词源学来说,是和存在(*to be*)这个动词密切相关的。"理论"的第一个对象是天堂。(柏拉图,《蒂迈欧篇》,90 d;亚里士多德,《形而上学》,982 a)

条。它也最容易腐化、堕落，原因就在于，它要求通过深思熟虑到达一定的高度，否则的话，就很可能急速地坠入矫饰造作和夸夸其谈的深渊，并因为重复不断地提出雷同的问题而让人觉得荒诞不经。刻意安排的规律性反思，这一说法本身就是自相矛盾的。

但是，这样的活动也有其合理之处。让我们假定有一个献身于探询的机构。当我说"献身于"的时候，我其实并不是说该机构把每一分每一秒都奉献给了最高级的问题，因为大多数时间很显然会被学校里一些更平常的研究和锻炼活动所占据，被纯洁或者不那么纯洁的休闲活动所占据，以及不可避免地，被间歇性的怠惰行为所占据，这种行为往往令既踌躇满志又无所事事的俗人纠结不已。我想说的是，尽管学校并不总是从事探询活动，但是人们还是普遍地把探询理解为学校存在的目的，而且所有机构性行为都将支持这样的目的。当然，该目的和现代学术研究之间还是存在着一种实质性的差别的。例如，做出原创性贡献这种说法会变得毫无意义，研究会被搜寻所取代，劳动生产率也将得不到回报——尽管确实应该强制要求在校内持续不断地进行文本性的思想提炼，但这不是作为对抽象的学术世界所做的贡献，而是作为给具体的当下的同仁提供的便利。

很显然，我们总是期待这样一个社群能够生发出某种优雅的风范，包括在智识和道德两个方面，而且更重要的是，能够培养相互倾听的雅量。我甚至还会说，正是因为学校不断地激励学术的发展，所以才能真正培养出最值得追求的公民道德。苏格拉底对话录中的那句千古名言总结得好：所谓卓越就是知识，求知的欲望是一种美德。事实上，这也是现代共和国当中一种至高无上的品德。因此,真正的学校拥有一个颇为优越、令人愉悦的地位,能够通过其自身的智识方面的生命来实现其道德方面的职能。

### 共和国的教育

最后还要提一个问题:以真正的探询为最高追求的省思式教育,算不算得上我花了不少精力来界定的和现代共和国的生活特别匹配的那种教育?

首先,我们的生活是必须在很大程度上面对更实用、更高效的事务的,不承认这一点也是不合乎情理的。每个个体的世俗努力这个概念是公共领域的根基。人们必须学会如何做事情,这样他们才能在生活中体现出自己的"有用之处和社会声誉",而且他们必须掌握关于事情本身究竟是如何运作的原理和机制,从而成为自己的"权利、利益和职责"的称职判断者。而且,因为我们的自由时间是由我们的业务类型(忙碌状态)界定的,人们也必须学会如何创作音乐(想象一下,假如我们的生活中缺少了长笛会是怎么样),或如何绘制一幅画卷,或如何从事任何一种能够让我们感到愉悦的活动。因此,省思式教育于情于理只能占据公民生活的一部分,最自然的时间段是我们的大学岁月。这样一个享有特权的中间阶段,这样一个长度确定的时段,可能——事实上必须——照亮我们的余生。学院式的学习并非不切实际(*impractical*),它是前实际的(*prepractical*)。不切实际的学习是指学习抽象理论,学习脱离物体的思想,学习过于宽泛的概括性结论,学习过于纠缠细节的专门化知识,学习用以掌握事物规律的过于拘谨的方法。而前实际的学习则是关于人类本身和自然世界的直接静思,这种静

146

思往往是在高质量的书籍的帮助下进行的。举一个如果不算冒犯也显得很大胆的例子：政治科学通常是不切实际的学科；而政治哲学则基本上是一门前实际的学习。

其次，学校不是全世界。但是，学校可以被视为一个世界，一个存在于政治社区中的小型知识共和国。根据托克维尔的观察，共和国的文明要想继续生存下去，仰仗于公民生活中形成的公共社群所蕴含的生机与活力："我认为，最值得我们重视的，莫过于美国的智力活动和道德方面的结社。"①（《论美国的民主》，2，bk. 2，v）可以明确的一点是，这样的社群等同于其权力受到限制的联邦体，是一个非自然的城市，其中与诸多社区紧密关联的尊严已经消失殆尽，而这些社区是人们繁衍生息之地。但是，社群所受到的限制反过来也有不少优势。社群是一个可以让人休闲的场所，持续不断地为人们提供自由活动的机会，这种自由活动完全不同于"休息时间"。在这里，决策的义务被免除了；在这里，竞争的压力被悬置了。当然，遇到的问题也层出不穷：烦恼和痛苦不断，不平等问题突出，智识上的优越感即出人头地欲望的祸根开始疯长。商店、工作室、舞台、球场和泳池占据了人们的大量时间，这是很自然的——这种情况也不能说有什么问题，因为随时随地的休闲活动是产生各种新鲜想法的必备条件之一。但是在一个真正的学习社群中——而不是那种所谓培训或者服务性"设施"中——所有这些消耗时间的活动对于我们共同想要达成的目标，也就是学习生活而言，只不过是偶发性的或者说是辅助性的。类似场所过去存在

---

① 引用自董果良商务印书馆译本。

过,现在也一直存在着,而且存在本身就是可能性的有力证据。我在这里想要表达的观点是,这样一种学校的生活,即便显得不够简练,也具有大型共和国的核心特征:每个人越是自行其是,公共领域越是丰富多彩。但是,学习社群除了要求做出有助于共同获益的努力,还关注这样一个领域,该领域在本质上是真正公共的,也是能够进行交流的,它作为一个场所能够形成这样一种友谊,这种友谊来自一种共同的栖息,栖息于基本上具有公共性质的领域。因此,一所真正当得起大学名称的大学,事实上最有可能为真正的共和国生活做好准备,即提供更加实用的知识! 当然,这与其说是一种现实,不如说是一种理想。

第三,正是因为这些小共和国都不是自给自足的,所以它们需要一个维持生命、支撑生活的基础,该基础就是更大的共和国。看到一家机构忽视或者蔑视其自身的来源,我们就会觉得其中有些事情是极其愚蠢的,只可惜这种愚蠢难以言表。在我看来,教育社群应该培养人们学会尊重共和国,这一点是不言自明的。以一种极端的角度来看,激进的反省和公民的尊重事实上确乎是不可通融的,但是后世所有探询活动的开创者恰恰通过他自己的死亡让上述冲突得到和解:他之所以被判处极刑,是因为他不愿意不问问题;他之所以最终被执行死刑,是因为他不愿意通过潜逃来钻其所在城邦的法律的空子。(柏拉图,《申辩篇》,37c;《克里托篇》,52c)但是,在今天的环境下,并不需要采用如此艰难的解决方案,事实上,我们可以确定的一点是,省思式教育是在我们的教育机构的保护下进行的,正是在这一进程中人们表现出对这些机构的尊重和景仰之情。

　　毫无疑问,这样一种教育是不太可能做到全身心地投入到对纯粹传统和风俗的培养过程中去的。对仪式和习俗的学术研究,尽管可能具有很大的包容性和吸纳力,但是毕竟只是另一种学院式的学科,而无法开启一种新的风气。如果照此下去,那么这种研究,尤其是在类似于学院这样的中间阶段所形成的社群中,不久就会堕落成一种怀旧的练习,而怀旧本身就是一种不经意地强调活生生的传统正在或已经失落的情绪,因为怀旧从字面上来看就意味着回归之痛(return ache),是一种回到过去的欲望。只是,我们在这里展望的教育,关注过去不会多于关注未来,尽管其核心手段确实是一种传统——也就是上文讨论过的书籍的传统。但是,这样一种研究,不是怀旧性的,因为其目标并不是要回到过去,而是为了现在而来梳理过去。过去固然很重要,但这并不是因为它是在之前所经历的一切,而更在于它已经进入了当下。这样一种关于过去的研究甚至可能帮助我们解放当下,重新出发。而且,我们甚至也可以说,书籍的传统对于智力所起到的作用,与习俗的传统对于人灵魂所起到的作用,可以等量齐观。对于文本的学习完全可以引导我们发展出一种思维框架,该框架类似于那些生活在传统中的人的心智。举例说,它可以培养我们对开创性事业的本地智慧的赞赏,培养我们对缓慢地增加深度和复杂程度的耐心,并培养我们对过于随意地挥舞理智工具这种行为的反感。很显然,这样的思想习惯正是当下我们最需要转化为公民品德的好习惯。这些习惯,与潜入所有的深渊、提出所有的问题、一个问题也不放过的欲望之间,绝非不可通融,反倒是相伴而生的。因此,我们专门把一段时间留给探询活动,绝对是为承担共和国的责任所做的恰到好处的准备。

我在本书一开始就提出过存在于一个共和国悲剧中的几个教育悖论，当时我所要表达的只有一个意思，那就是，如同每一部古典悲剧所展示出来的英雄们的人性弱点那样，对于局内的观察者而言，这些教育悖论如同现代性一样，令人悲欣交集。这些悖论中的每一个都会激发一种探询以及一种解决方案，该方案的目的不是让其所对应的悖论解体，而是让其根基得以重现。所有这些解决方案加总在一起，会构成一种有自由、有学识、有反思的教育，并且其自由是拒绝妥协的，学识是拒绝歪理的，反思是拒绝平庸的。在我看来，这样的教育最适合培养对所有可行政体当中的最佳政体而言最具本质特征的品质：这样的政体是一个由绝对平等的人组成的共和国。

# 索 引

（本索引页码均为原书页码，即中译本边码）